GERHARD SEICHT

Die Grenzbetrachtung in der Entwicklung
des betrieblichen Rechnungswesens

Betriebswirtschaftliche Schriften

Heft 86

Die Grenzbetrachtung
in der Entwicklung des betrieblichen
Rechnungswesens

Von

Prof. Dr. Gerhard Seicht

DUNCKER & HUMBLOT / BERLIN

CIP-Kurztitelaufnahme der Deutschen Bibliothek

Seicht , Gerhard
Die Grenzbetrachtung in der Entwicklung des betrieblichen Rechnungswesens. — 1. Aufl. — Berlin : Duncker und Humblot, 1977.
   (Betriebswirtschaftliche Schriften ; H. 86)
   ISBN 3-428-03778-2

Alle Rechte vorbehalten
© 1977 Duncker & Humblot, Berlin 41
Gedruckt 1977 bei Berliner Buchdruckerei Union GmbH., Berlin 61
Printed in Germany
ISBN 3 428 03778 2

Vorwort

Wenn man sich entschließt, eine Dissertation, die immerhin schon vierzehn Jahre alt ist[1], unverändert als Buch zu veröffentlichen, dann bedarf es dazu wohl eines besonderen Grundes. Dem Verfasser scheint dieser gegeben zu sein, wurde doch in der vorliegenden Arbeit u. a. eine Idee entwickelt, die in der jüngeren und jüngsten Zeit von hervorragenden Fachkollegen als *neue* Entwicklung der Kostenrechnungstheorie der Fachwelt angeboten wird[2]. Gemeint ist die These, daß eine stufenweise Fixkostendeckungsrechnung nur dann einen logischen Sinn bekommt, wenn man die speziellen Fixkostenblöcke nach den Fristen ihrer Abbaufähigkeit differenziert, da nur in diesem Falle ein Vergleich spezieller Deckungsbeitragssummen mit den (nach den Fristen ihrer Abbaufähigkeit differenzierten) speziellen Fixkosten entscheidungsrelevante Informationen zu liefern vermag[3].

An Stelle einer Einsicht in die Zweckmäßigkeit einer derartigen Dynamisierung der Kostenrechnung — vom Verfasser als „Stufenweise Grenzkostenrechnung" bezeichnet — hatte die Meinung vorgeherrscht, daß die speziellen Fixkostenblöcke nach Gesichtspunkten der „Ausgabewirksamkeit" differenziert werden müßten[4]. Darüber hinaus wurde von einem auf dem Gebiet der Deckungsbeitragsrechnung publizistisch führenden Fachkollegen die Lehre vertreten, daß die Crux der Vollkostenrechnung in der „Schlüsselung" *aller* Gemeinkosten (somit auch der variablen Gemeinkosten) und nicht in der logischen Unmöglichkeit einer verursa-

---

[1] Die gegenständliche Arbeit wurde in der unverändert vorliegenden Fassung im SS 1962 an der Hochschule für Welthandel, Wien, eingereicht und approbiert.
[2] Vgl. z. B.: Kilger, Wolfgang: „Die Entstehung und Weiterentwicklung der Grenzplankostenrechnung als entscheidungsorientiertes System der Kostenrechnung", in: Neuere Entwicklungen in der Kostenrechnung (I), Schriften zur Unternehmensführung, Bd. 21, hrsg. v. H. Jacob, Wiesbaden 1976, S. 9 ff., insbesondere S. 18, S. 29 u. S. 36 ff. sowie Layer, Manfred: „Die Kostenrechnung als Informationsinstrument der Unternehmensleitung", ebenfalls in: Neuere Entwicklungen in der Kostenrechnung (I), Bd. 21 der Schriften zur Unternehmensführung, S. 97 ff.; insbes. S. 106 — S. 108 und S. 119.
[3] Vgl. das Kapitel „Die Stufenweise Grenzkostenrechnung".
[4] Vgl. z. B. Agthe, Klaus: „Stufenweise Fixkostendeckung im System des Direct Costing", in ZfB 1959, S. 410; Riebel, Paul: „Das Rechnen mit Einzelkosten und Deckungsbeiträgen", in: ZfhF 1959, S. 229; Hax, Herbert: „Preisuntergrenzen im Ein- und Mehrproduktbetrieb", in: ZfhF 1961, S. 424 ff.; Schwarz, Horst: „Neuere Gesichtspunkte in der Kostenrechnung von Industrie- und Handelsbetrieben", in: Neue Betriebswirtschaft 1962, S. 148.

chungsgerechten Verrechnung von fixen Kosten in der zeitdimensionslosen Stückrechnung (Kostenträgerrechnung) läge[5].

Im Jahre 1963 hat sich der Verfasser mit diesen Fehlmeinungen und ihren Hauptvertretern in einem Aufsatz[6] sehr kritisch auseinandergesetzt, der zwar die Anregung für eine Reihe von Veröffentlichungen[7] gegeben hat, aber bei den namentlich Angesprochenen zunächst keine Reaktion hervorzurufen schien[8]. Langsam jedoch schwenkten auch diese Autoren auf die Linie der „Stufenweisen Grenzkostenrechnung" ein und vertreten heute mit großer Selbstverständlichkeit die Lehre von der Notwendigkeit der Differenzierung der speziellen Fixkostenblöcke nach den Fristen ihrer Abbaufähigkeit[9].

In Form des entscheidungsorientierten Kostenbegriffes, der als Inhalt nur die durch die Realisierung einer Entscheidung ausgelösten (induzierten) zukünftigen Ausgaben (neben den Opportunitätskosten i. S. der bei alternativer Verwendung knapper Faktoren erzielbaren Deckungsbeiträge) umfaßt, hat die Lehre von der „Stufenweisen Grenzkostenrechnung" ihre allgemeinste Ausprägung gefunden[10]. Die Vertreter einer

---

[5] Siehe Riebel, Paul: „Das Rechnen mit Einzelkosten und Deckungsbeiträgen", in: ZfhF 1959, S. 214 ff., insbes. S. 237.

[6] Vgl. „Die stufenweise Grenzkostenrechnung. Ein Beitrag zur Weiterentwicklung der Deckungsbeitragsrechnung", in: ZfB 1963, S. 693 ff. Vgl. auch die Veröffentlichung des Verfassers: „Zur Deckungsbeitragsrechnung. Versuch einer Weiterentwicklung", in: Organisation und Betrieb 10/1963, S. 13 ff., in der die Begriffe „absolut variable Kosten", „relativ variable Kosten", „relativ fixe Kosten" und „absolut fixe Kosten" geprägt und an Hand eines Beispiels die Skizze eines Kostenstellenblattes einer Stufenweisen Grenzkostenrechnung entwickelt wurden.

[7] Vgl. z. B.: Munzel, Gerhard: „Die fixen Kosten in der Kostenträgerrechnung", Wiesbaden 1966; insbes. S. 76 ff., Süverkrüp, Fritz: „Die Abbaufähigkeit der fixen Kosten", Berlin 1968.

[8] Sehr ausführlich dargestellt und kommentiert wurden die kontroversiellen Thesen der „Einzelkostenrechnung" und der ausgabebezogenen Kostenrechnung einerseits und der „Stufenweisen Grenzkostenrechnung" andererseits in Kilger, Wolfgang: „Flexible Plankostenrechnung", 3. Auflage, Köln und Opladen 1967, S. 660 ff.

[9] Man vergleiche z. B. Riebel, Paul: „Systemimmanente und anwendungsbedingte Gefahren von Differenzkosten- und Deckungsbeitragsrechnungen", in BFuP 6/1974, S. 493 ff. Auf S. 506 führt Riebel z. B. aus: „Diese Kritik gilt auch für die stufenweise Abdeckung der fixen Kosten, wenn dabei — wie üblich — die ‚vollen' Fixkosten der einzelnen Abdeckungsstufen zugrundegelegt werden. Oft wird insbesondere übersehen, daß die in einem Produkt, einer Produktgruppe, einer Kostenstelle usw. zugerechneten Kosten bei der Eliminierung dieser Leistungen aus dem Programm oder der Schließung der betreffenden Betriebsstätten nur zum Teil abgebaut werden können, daß also ein mehr oder weniger großer Teil der Kosten ‚hängen bleibt' und daß andererseits auch noch in den Fixkosten der übergeordneten Abdeckungsstufen abbaubare Kostenteile stecken können; deren Höhe ist jedoch ebensowenig ersichtlich wie die Fristen, zu denen sie frühestens abgebaut werden können, oder die Intervalle, in denen darüber disponiert werden kann."

[10] Vgl. z. B. die ausgezeichnete Darstellung bei Böhm, Hans-Hermann: „Die Kostenrechnung zur Vorbereitung betrieblicher Entscheidungen", Berlin -

Differenzierung der speziellen Fixkosten nach Fristen der Ausgabewirksamkeit hatten Ursache und Wirkung verwechselt und gemeint, alle Fixkosten, die noch mit Ausgaben verbunden seien, seien entscheidungsrelevant, ohne zu erkennen, daß derartige Ausgaben auch weitgehend „fix", d. h. nicht mehr disponibel zu sein pflegen.

Aber nicht nur der Umstand, daß zur Zeit eine allgemeine Rezipierung der Lehre von der „Stufenweisen Grenzkostenrechnung" in Gang gekommen ist und sich auch — begünstigt durch die allgemeine wirtschaftliche Rezession — in der Praxis die Einsicht in die Notwendigkeit einer Differenzierung der „fixen" Kostenstellenkosten nach ihrer Abbaufähigkeit langsam durchzusetzen beginnt[11], sondern auch die Hoffnung, daß eine dogmengeschichtliche Behandlung der Grenzbetrachtung im betrieblichen Rechnungswesen gerade in der heutigen Zeit der entscheidungsorientierten Ausgestaltung des Kostenrechnungswesens von Interesse sein mag, haben den Verfasser zu der so verspäteten Drucklegung ermutigt.

Mein Dank gilt dem Verlag Duncker & Humblot, der durch die Aufnahme dieser Arbeit in sein Verlagsprogramm wiederum seine Aufgeschlossenheit bewiesen hat, wie er dies schon einmal tat, als er vom Verfasser ein sehr kritisch abgefaßtes Buchmanuskript[12] zur Veröffentlichung übernahm, das von einem westdeutschen Verlag trotz ursprünglicher bedingungsloser Annahme schließlich doch abgelehnt werden mußte, da ein der Garde der alten Schmalenbach-Schüler zugehöriger „väterlicher Berater" des Verlages sein Veto gegen eine Publizierung eingelegt hatte.

Gerhard Seicht

Köln - Frankfurt 1969, S. 11 ff. Eine Analogie findet sich in den modernen bilanztheoretischen Konzeptionen des sog. „Ökonomischen Gewinnes" und der „Kapitaltheoretischen Bilanz". Vgl. Seicht, G.: „Die kapitaltheoretische Bilanz und die Entwicklung der Bilanztheorien", Berlin 1970 S. 511 ff. insbesondere S. 558 ff.

[11] z. B. hat man in einem großen österreichischen Unternehmen, für das der Verfasser vor einigen Jahren eine entscheidungsorientierte Gestaltung des Kostenrechnungswesens entwickelt hatte, den Gesichtspunkt der Notwendigkeit einer Differenzierung der fixen Kosten nach ihrer Abbaufähigkeit nunmehr aufgegriffen und begonnen, auch diesen in die Praxis umzusetzen, obwohl man noch vor gar nicht langer Zeit dieser Empfehlung ziemlich verständnislos gegenüberstand.

[12] Die kapitaltheoretische Bilanz und die Entwicklung der Bilanztheorien, Berlin 1970.

Inhaltsverzeichnis

Einleitung 13

A. Die Grenzwertrechnung Schmalenbachs

I. Die Kostentheorie Schmalenbachs 15
   1. Einleitung 15
   2. Primäre und sekundäre Unkosten 16
      a) Primäre Unkosten 17
      b) Sekundäre Unkosten 17
      c) Gemischte Unkosten 18
   3. Proportionale, fixe, degressive und progressive Kosten 19
      a) Proportionale Kosten 19
      b) Fixe Kosten 20
      c) Degressive Kosten 21
      d) Progressive Kosten 25
   4. Zusammenfassung 26

II. Der „Kalkulationswert" Schmalenbachs 31
   1. Einleitung 31
   2. Der „Proportionale Satz" („Grenzkostensatz") 32
      a) Degressionszone 34
      b) Proportionalitätszone 35
      c) Progressionszone 36
      d) Zusammenfassung 37
   3. Der „Grenznutzensatz" 38

III. Die Zwecke der Kostenrechnung 40
   1. Preiskalkulation 40
      a) Die Kalkulation zur Berechnung des erzielbaren Preises 41
      b) Ermittlung des günstigsten Produktionsprogramms und Beschäftigungsgrads 41
         aa) Preiserstellung zu Vollkosten 43

bb) Preisdifferenzierung		43
cc) Einheitliche Preiserstellung zu Grenzkosten		44
aaa) Der „Proportionale Satz" in der Progressionszone		44
bbb) Der „Proportionale Satz" in der Degressionszone		46
ccc) Der „Proportionale Satz" in der Proportionalitätszone		48
2. Kontrolle der Betriebsgebarung		49

IV. *Würdigung der Lehre Schmalenbachs* 50

B. Die „Blockkostenrechnung" Rummels

I. *Kostentheorie* 55

   1. Einleitung 55

   2. Kostenarten 56
      a) Zeitproportionale Kosten 56
      b) Mengenproportionale Kosten 57
      c) Zusammenfassung 57

   3. Kosteneinflußgrößen 60
      a) Der Verbrauch 60
      b) Die Bewertung des Verbrauches 60
      c) Der zeitliche Beschäftigungsgrad 60
      d) Der Intensitäts- oder Lastgrad 61
      e) Die Auftragsstückelung (Losgröße) 62
      f) Die Anordnung der Betriebspausen 64
      g) Zusammenfassung 64

II. *Blockkostenrechnung* 64

   1. Die Einheitskalkulation als theoretische Grundlage der Blockkostenrechnung 64

   2. Die Grenzen der Einheitskalkulation 66

   3. Die Notwendigkeit einer Schlüsselung der fixen Kosten 66
      a) Der Werk- und Zeitvergleich 67
      b) Die Ermittlung der Preisuntergrenze bei schlechter Beschäftigungslage 67
      c) Die Beschäftigungspolitik 68
      d) Die Wirtschaftlichkeitskontrolle 68

   4. Die „Blockkostenrechnung" als Lösungsversuch des Problems der fixen Kosten 69

   5. Zusammenfassung 70

C. Die „Grenzplankostenrechnung" Plauts

I. *Einleitung* 73

II. *Das „Direct Costing" in Nordamerika* 76
  1. Geschichtliche Entwicklung des „Direct Costing" 76
  2. Aufgabe des „Direct Costing" 79
  3. Durchführung des „Direct Costing" 80
  4. Zusammenfassung 81

III. *Die „Grenzplankostenrechnung" in Deutschland* 83
  1. Geschichtliche Entwicklung 83
  2. Vorteile der „Grenzplankostenrechnung" 87
     a) Ermittlung der Preisuntergrenze 89
     b) Artikelauswahl bei Vollbeschäftigung (Produktionsprogramm) 90
     c) Verfahrensauswahl im Fertigungsbetrieb 91
     d) Investitionsentscheidungen 91
  3. Mängel der „Grenzplankostenrechnung" 93
     a) Die Nichtberücksichtigung progressiver Kosten 94
     b) Der Ausweis der fixen Kosten als ungeteilter Block 95
        aa) Der Lösungsvorschlag Agthes 95
        bb) Der Lösungsvorschlag Riebels 99
        cc) Die „Stufenweise Grenzkostenrechnung" 103
        dd) Zusammenfassung 105

D. Die „Standard-Grenzpreisrechnung" Böhms

I. *Einleitung* 109

II. *Das „System-Bredt"* 109

III. *Operations Research* 112
  1. Einleitung 112
  2. Linear Programming 113
     a) Theoretische Grundlagen 113
     b) Durchführung des Linear Programming 114

IV. *Die „Standard-Grenzpreisrechnung"* 117
  1. Einleitung 117

2. Der Kalkulationswert 118
3. Durchführung der „Standard-Grenzpreisrechnung" 119
4. Zusammenfassung 121

E. Vergleich der „Standard-Grenzpreisrechnung" Böhms mit der „Grenzwertrechnung" Schmalenbachs

I. Einleitung 123

II. Schmalenbach 124
    1. Einleitung 124
    2. Anpassung der Produktion an den Bedarf 125
    3. Anpassung des Bedarfs an die Produktion 126
    4. Zusammenfassung 127

III. Böhm 127
    1. Einleitung 127
    2. Anpassung der Produktion an den Bedarf 128
    3. Anpassung des Bedarfs an die Produktion 129
    4. Zusammenfassung 131

Ergebnis der Untersuchung 133

Literaturverzeichnis 134

Einleitung

„Voraussetzung des Lebens ist Wirtschaften"[1] und „Wirtschaften heißt Wählen"[2], also Entscheidungen treffen. In einfachen Fällen können diese Entscheidungen nach *Besicht* erfolgen; „Ein Leiter im Umkreis der Ausrüstung des Betriebes, seinen Vorräten und Arbeitsvorgängen stehend, gibt die Impulse, die zu absatzfähigen Leistungen führen. Vor ihm liegt sichtbar die organische Struktur eines Betriebes, in welcher er die gewünschten Leistungen einpaßt[3]." Werden die Verhältnisse aber komplizierter und unüberblickbar, so muß an Stelle des nicht mehr durchführbaren Besichts der *Bericht* treten, der die persönlichen Wahrnehmungen ersetzen muß[4]. Die ursprünglichste Form des kaufmännischen Rechnungswesens, nämlich die Buchhaltung, die sich aus dem Bedürfnis der Kaufleute nach *Dokumentation* ihrer Geschäftsfälle entwickelt hatte, mußte somit durch ein *instrumentales* Rechnungswesen ergänzt werden, welches die Folgen unternehmerischer Entscheidungen aufzuzeigen in der Lage ist. Man ergänzte also die Buchhaltung durch „zunächst nur fallweise, später periodisch und schließlich systematisch angestellte Vor- bzw. Nachrechnungen, die nicht die zeitlichen Veränderungen der Bestände, Aufwendungen und Erträge, sondern die Beziehung dieser auf bestimmte Betriebsleistungen verfolgen"[5]. Der erste Ansatz dazu, daß das betriebliche Rechnungswesen auch als Grundlage für unternehmerische Entscheidungen zu dienen hat, findet sich in der betriebswirtschaftlichen Literatur schon 1894 bei *Tolkmitt*[6], der ihm die Aufgabe zuweist, „die Grundlage für sämtliche Dispositionen, die den Betrieb angehen" zu bilden und „Ausgangspunkt aller geschäftlichen Unternehmungen zu sein."

Das moderne betriebliche Rechnungswesen hat also zwei deutlich unterscheidbaren Aufgaben gerecht zu werden: „Einmal die *Rechenschafts-*

---

[1] Schmalenbach, E.: Grundlagen der Selbstkostenrechnung und Preispolitik, 2. Aufl., Leipzig 1925, S. 13.

[2] Schmalenbach, E.: Grundlagen der Selbstkostenrechnung und Preispolitik, 2. Aufl., S. 9.

[3] Illetschko, L. L.: Management und Betriebswirtschaft, Wien 1955, S. 31.

[4] Vgl. Illetschko, L. L.: Management und Betriebswirtschaft, S. 31.

[5] Illetschko, L. L.: Thema Kostenrechnung, in: Betriebswirtschaft auf neuen Wegen, Wien 1949, S. 40.

[6] Tolkmitt, H.: Grundriß der Fabrik-Geschäftsführung, Leipzig 1894, S. 69, zit. nach Dorn, G., Die Entwicklung der industriellen Kostenrechnung in Deutschland, Berlin 1961, S. 25.

legung über Vergangenes, die rechtlich gesicherte Ermittlung von Ergebnissen, an die sich Ansprüche unstreitbar anknüpfen können und zum anderen die Findung von Zahlenansätzen, ausgedrückt in Geld oder anderen Mengeneinheiten, welche die für die Fällung *betrieblicher Entscheidungen* notwendigen Alternativen bestimmt[7]."

Da somit die Aufgabe des *dokumentierenden Rechnungswesens* darin besteht, historische Daten festzuhalten, sich also in erster Linie als Berichterstatter zu betätigen[8], kommt für diese Art des Rechnungswesens nur ein *vollständiger Ausweis* der Daten (Aufwand, Kosten) in Frage, während das *instrumentale Rechnungswesen*, das als „gestaltender Akt" in das betriebliche Geschehen Einfluß nimmt[9], sich einer *differenzierten Behandlung der Daten* bedienen wird müssen, um die nötigen Erkenntnisse zu vermitteln. „Und tatsächlich kann der Dokumentarcharakter des Rechnungswesens nur zu einer Vollkostenrechnung führen, die mechanistisch nach Schlüsseln Kostenelemente auf die Leistungen in gleichartiger Weise aufteilt, während nur der Instrumentalcharakter eine Differenzierung erlaubt, also zu einer Teilkostenrechnung und weiter zu einer Differential- und Grenzbetrachtung führen muß[10]."

Aufgabe der vorliegenden Arbeit soll es nun sein, die Entwicklung des betrieblichen Rechnungswesens als Führungsinstrument zu untersuchen und an Hand der Erkenntnisse repräsentativer Vertreter wie *Schmalenbach* (Grenzwertrechnung), *Rummel* (Blockkostenrechnung), *Plaut* (Grenzplankostenrechnung) und *Böhm* (Standard-Grenzpreisrechnung) darzustellen.

---

[7] Illetschko, L. L.: Theorie und Praxis einer betrieblichen Verrechnungslehre, in: Betriebswirtschaftslehre und Wirtschaftspraxis, Festschrift für Konrad Mellerowicz, Berlin 1961, S. 194.
[8] Vgl. Käfer, K.: Standardkostenrechnung, Zürich 1955, S. 7.
[9] Vgl. Gutenberg, E.: Planungsrechnung und Rationalisierung, Referat auf der 3. Plankostentagung in Düsseldorf 1952, Wiesbaden 1953, S. 19.
[10] Illetschko, L. L.: Management und Betriebswirtschaft, Wien 1955, S. 32.

A. Die Grenzwertrechnung Schmalenbachs

I. Die Kostentheorie Schmalenbachs

1. Einleitung

Schmalenbach erkannte als einer der ersten, daß eine „Buchhaltung der *Schuldverhältnisse*"[1] als Führungsinstrument nicht geeignet ist, indem er die Feststellung trifft, daß „ein Wort im Kurse (steigt), das man früher kaum kannte, die kaufmännische *Berechnung*, die *Kalkulation*"[2], denn „Wir ersehen aus der Buchführung zur Not was wir getan haben, nicht (aber) was wir tun sollen"[3]. *Schmalenbach* schlägt daher 1899 vor, jedem Kunden neben dem „*Rechtlichen Konto*" ein „*Kalkulatorisches Konto*" einzurichten, wobei dem rechtlichen der vereinbarte Preis zu belasten ist und dem kalkulatorischen die tatsächlichen genau zugerechneten Kosten[4]. *Schmalenbach* wollte also im Rahmen der Buchführung eine „Kalkulation" durchführen, wobei einem „Kunden" genau das an Kosten auf dessen „kalkulatorischem Konto" angelastet werden sollte, was durch ihn verursacht wurde. Die Kosten, die durch mehrere Kunden zugleich verursacht wurden, sollten auf einem Vorkonto gesammelt und dann verteilt werden. „Das Konto des Kunden I korrespondiert mit einer Gruppe, sagen wir einem Konto II, dieses mit einer größeren Gruppe III. Die Unkosten des Konto II müssen entweder direkt in I oder indirekt durch II in I verrechnet werden[5]." ... „Schließlich finden sich auf diese Weise alle Unkosten in I, dem speziellen kalkulatorischen Konto des Kunden zusammen[6]."

Schmalenbach sah die wichtigste Aufgabe dieser kalkulatorischen Buchführung also darin, jedem „Kunden, jeder Ware und jeder Einrichtung" auf dem jeweiligen kalkulatorischen Konto — entweder durch direkte Verbuchung, oder indirekt durch Zwischenschaltung von Sammelkonten — alle Kosten zu belasten, die durch sie verursacht wurden, um

---

[1] Schmalenbach, E.: Buchführung und Kalkulation im Fabrikgeschäft, Leipzig 1928 (unveränderter Nachdruck aus der Deutschen Metallindustriezeitung, 15. Jg. 1899), S. 3.
[2] Schmalenbach, E.: Buchführung und Kalkulation im Fabrikgeschäft, S. 4.
[3] Schmalenbach, E.: Buchführung und Kalkulation im Fabrikgeschäft, S. 5.
[4] Vgl. Schmalenbach, E.: Buchführung und Kalkulation im Fabrikgeschäft, S. 6.
[5] Schmalenbach, E.: Buchführung und Kalkulation im Fabrikgeschäft, S. 6.
[6] Schmalenbach, E.: Buchführung und Kalkulation im Fabrikgeschäft, S. 6.

dann durch Vergleich mit dem erzielten Erlös („kaufmännisches Konto") den „Ursprung von Verlust und Gewinn" ersehen zu können[7]. *Schmalenbach* war es jedoch klar, daß „Eine Art Voraussage der *zukünftigen* Verhältnisse, welche dem Geschäftsleiter seine Maßnahmen diktiert, ... selbst durch die vortrefflichste Konteneinrichtung und die beste Verteilung der Unkosten noch nicht erreicht (wird) ... (sondern) erst zu erreichen (ist) durch eine genauere Untersuchung der Unkosten in ihrer Beziehung auf die Vermehrung oder Verminderung der Produktion"[8], denn „Die bloße Gewinnberechnung ist ... fast wertlos, weil sich daraufhin keine Maßnahmen treffen lassen, da sich mit Erhöhung und Erniedrigung der Produktion die Unkosten in anderem Verhältnis ändern"[9].

Damit war die Erkenntnis klar ausgesprochen, daß neben der Kostenrechnung eine *Kostentheorie* erforderlich ist, an Hand welcher man erst die Daten der Kostenrechnung richtig beurteilen und daraus die entsprechenden Konsequenzen ziehen kann.

2. Primäre und sekundäre Unkosten

In seiner ersten Untersuchung der Kosten in ihrer Abhängigkeit vom Beschäftigungsgrad (1899) teilte *Schmalenbach* die Gesamtkosten in solche Kosten, die durch den einzelnen Kunden direkt und in solche, die durch den Betrieb (Schmb. verwendet den Begriff „Betrieb" im Sinne von „Unternehmung") in seiner Gesamtheit verursacht werden. Die zusätzlich durch den einzelnen Kunden verursachten Kosten nannte er „*primäre Unkosten*", die durch den Betrieb in seiner Gesamtheit verursachten Kosten „*sekundäre Unkosten*"[10]. Obwohl diese Trennung der Gesamtkosten nach ihrer Abhängigkeit vom Beschäftigungsgrad in der damaligen Zeit vielen unverständlich erschien, war *Schmalenbach* durchaus nicht der erste gewesen, der eine derartige Kostenauflösung vornahm. Schon 1869 forderte *Courcelle-Seneuil* eine Trennung der Kosten in „*besondere*" und „*allgemeine*", wobei sich die „besonderen" im genauen Verhältnis zur gelieferten Ware" verhalten, während die „allgemeinen" Kosten fest oder ziemlich unveränderlich innerhalb gewisser Grenzen" sind[11].

---

[7] Vgl. Schmalenbach, E.: Buchführung und Kalkulation im Fabrikgeschäft, S. 7.
[8] Schmalenbach, E.: Buchführung und Kalkulation im Fabrikgeschäft, S. 7.
[9] Schmalenbach, E.: Buchführung und Kalkulation im Fabrikgeschäft, S. 5.
[10] Vgl. Schmalenbach, E.: Buchführung und Kalkulation im Fabrikgeschäft, S. 8 ff.
[11] Courcelle-Seneuil, J. C.: Theorie und Praxis des Geschäftsbetriebes in Ackerbau, Gewerbe und Handel. Deutsch von Eberbach, G. A., Stuttgart 1869, S. 208, zit. nach Dorn, G., Die Entwicklung der industriellen Kostenrechnung in Deutschland, Berlin 1961, S. 31.

I. Die Kostentheorie Schmalenbachs

a) Primäre Unkosten

Nach *Schmalenbach* hat ein Betrieb ausschließlich *„primäre Unkosten"*, wenn seine Kosten „proportional" sind, wobei „proportionale Unkosten" dann gegeben sind, wenn die Kosten im gleichen Maße wie die Beschäftigung steigen oder fallen. Mathematisch drückt *Schmalenbach* dieses Kostenverhalten wie folgt aus[12]:

$$X \text{ Waren} = Y \text{ Unkosten}$$
$$2 X \text{ Waren} = 2 Y \text{ Unkosten}$$

Graphisch ließe sich dies folgendermaßen darstellen:

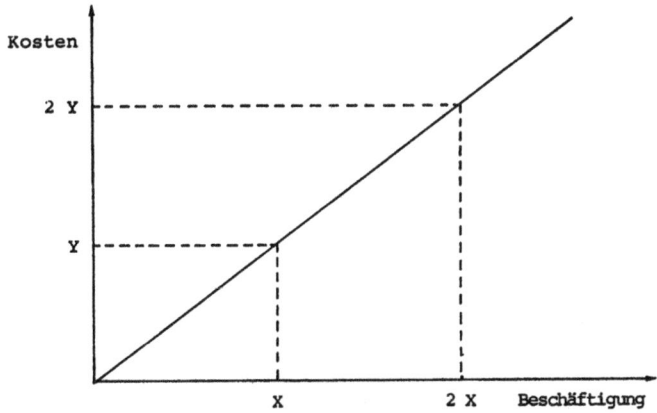

b) Sekundäre Unkosten

Ein Betrieb hat ausschließlich *„Sekundäre Unkosten"*, wenn seine gesamten Kosten „fix" sind, wobei „fixe Kosten" dann gegeben sind, „wenn es ... möglich ist, die Produktion ohne Kostenvermehrung zu erhöhen"[13]. Mathematisch drückt *Schmalenbach* dieses Kostenverhalten wie folgt aus[14]:

$$X \text{ Waren} = Y \text{ Unkosten}$$
$$2 X \text{ Waren} = Y \text{ Unkosten}$$

---

[12] Vgl. Schmalenbach, E.: Buchführung und Kalkulation im Fabrikgeschäft, S. 8.
[13] Schmalenbach, E.: Buchführung und Kalkulation im Fabrikgeschäft, S. 8.
[14] Vgl. Schmalenbach, E.: Buchführung und Kalkulation im Fabrikgeschäft, S. 8.

Graphisch ließe sich dies folgendermaßen darstellen:

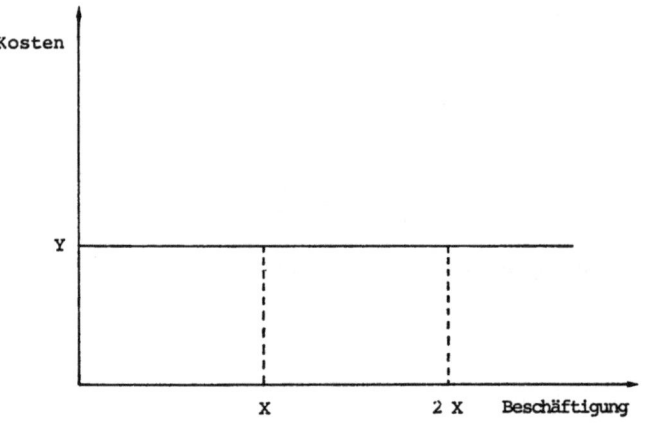

c) *Gemischte Unkosten*

Fallen jedoch in einem Betrieb primäre und sekundäre Unkosten an — und dies ist meistens der Fall —, so müssen die Kosten „degressiv oder „progressiv" sein, denn „Die degressiven und progressiven Unkosten können wir mit fixen und proportionalen ausdrücken"[15]. In einem Betrieb sind die Unkosten „degressiv", wenn die Kosten geringer steigen als die Beschäftigung, was *Schmalenbach* mit folgender Formel zum Ausdruck bringt:

$$X \text{ Waren} = Y \text{ Unkosten}$$
$$2 X \text{ Waren} > 2 Y \text{ Unkosten}$$

Graphisch ließe sich dies folgendermaßen darstellen:

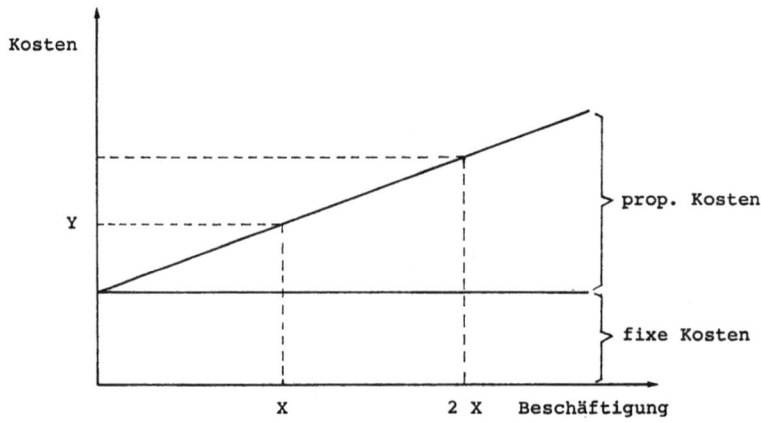

---

[15] Schmalenbach, E.: Buchführung und Kalkulation im Fabrikgeschäft, S. 8.

In einem Betrieb sind die Unkosten „progressiv", wenn die Kosten stärker steigen als die Beschäftigung, was *Schmalenbach* mit folgender Formel zum Ausdruck bringt[16]:

$$X \text{ Waren} = Y \text{ Unkosten}$$
$$2 X \text{ Waren} < 2 Y \text{ Unkosten}$$

Graphisch ließe sich dies folgendermaßen darstellen:

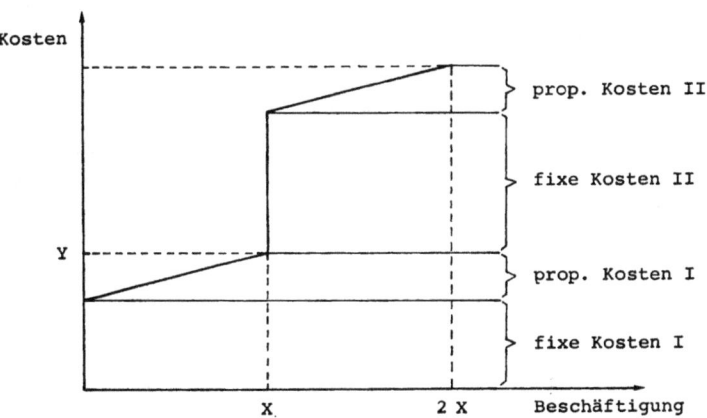

Da *Schmalenbach* erkannte, daß die ursprünglichen Kategorien primärer und sekundärer Unkosten meist *nicht alternativ*, sondern *gleichzeitig* auftreten, war aus dieser Zweiteilung (ausschließlich „primäre" und ausschließlich „sekundäre" Unkosten) eine Vierteilung („primäre", „sekundäre", „degressive" und „progressive Unkosten") geworden. In seinen späteren Veröffentlichungen hat *Schmalenbach* die Begriffe „primäre Unkosten" und „sekundäre Unkosten" fallen gelassen und die Gesamtkosten in *fixe, proportionale, degressive* und *progressive* eingeteilt, wobei allerdings der Inhalt dieser Begriffe verschiedenen Änderungen unterworfen war.

3. Proportionale, fixe, degressive und progressive Kosten

a) Proportionale Kosten

Ursprünglich verstand *Schmalenbach* unter „proportionale Kosten" jene Gesamtkosten, welche vom Beschäftigungsgrad 0 an im gleichen Verhältnis wie die Produktion steigen, also reine „primäre Unkosten". Als Beispiel führte er Manufakturen und Betriebe des Verlagssystems an,

---

[16] Schmalenbach, E.: Buchführung und Kalkulation im Fabrikgeschäft, S. 9.

wobei er jedoch feststellt, daß „Die moderne Fabrikationsentwicklung unter den Betrieben dieser Gattung stark aufgeräumt (hat)"[17]. *Schmalenbach* betont also ausdrücklich, daß die proportionalen Kosten „... ehedem, beim Vorherrschen des Verlagssystems die Regel waren ..., (und) daß die sog. klassische Nationalökonomie die *Proportionalität* (Hervh. v. Verf.) der Kosten als typisch annahm, (wobei) diesen scharfsinnigen Beobachtern die anders gearteten Kostenverhältnisse der modernen Betriebsformen nicht entgangen (wären)"[18].

Proportionale Kosten im ursprünglichen Sinne sind also jene Gesamtkosten, die für jede einzelne Leistungseinheit in gleicher Höhe zusätzlich anfallen, somit proportional zum Beschäftigungsgrad sich verhalten, *ohne* daß irgendwelche fixe Kosten vorhanden sind.

Da aber in modernen Fabrikationsbetrieben *fixe Kosten* auftreten, versteht er unter „proportionale Kosten" auch jene Kosten, die für die einzelnen Leistungseinheiten in gleicher Höhe *zusätzlich* zu den fixen Kosten anfallen; somit ebenfalls eine lineare Funktion der Beschäftigung sind.

Schmalenbach verwendet aber den Begriff „proportionale Kosten" in seinen Ausführungen auch zur Bezeichnung aller jener Kosten, die durch zusätzliche oder verminderte Produktion an- bzw. wegfallen[19]. Da in diesen jedoch auch *sprungfixe* Kosten enthalten sind, ist die Bezeichnung „proportionale Kosten" fehl am Platz und irreführend, weil sich daraus progressive „proportionale Kosten" ergeben.

Auch verwendet *Schmalenbach* den Begriff „proportionale Kosten" für jene Gesamtkosten, die sich bei „optimaler Beschäftigung" ergeben, da bei dieser Beschäftigungslage die Grenzkosten gleich den Durchschnittskosten sind.

b) *Fixe Kosten*

„Wenn die Beschäftigung eines Betriebes auf seine Gesamtkosten ohne Einfluß ist, dann haben wir einen Betrieb mit fixen Unkosten"[20], denn das „Kennzeichen der fixen Kosten ist, daß sie selbst bei schwächstem Beschäftigungsgrad in der gleichen Höhe entstehen, wie bei starkem Beschäftigungsgrad[21]."

---

[17] Schmalenbach, E.: Grundlagen der Selbstkostenrechnung und Preispolitik, 2. Auflage, Leipzig 1925, S. 21 (die erste Aufl. erschien als Aufsatz in der ZfhF. 1919 unter dem Titel „Selbstkostenrechnung").

[18] Schmalenbach, E.: Grundlagen der Selbstkostenrechnung und Preispolitik, 2. Auflage, S. 21.

[19] Schmalenbach, E.: Grundlagen der Selbstkostenrechnung und Preispolitik, 2. Aufl., S. 21.

[20] Vgl. die Ausführungen über den „Proportionalen Satz" auf S. 32 ff.

[21] Schmalenbach, E.: Grundlagen der Selbstkostenrechnung und Preispolitik, 2. Auflage, S. 22.

Da *Schmalenbach* also ursprünglich die fixen Kosten einerseits als die Kosten definiert, die trotz aller Beschäftigungsschwankungen gleich bleiben, andererseits aber sagt, daß sich „die Leistungsfähigkeit durch geeignete Einrichtungen erhöhen läßt"[22], kann man mit Bestimmtheit annehmen, daß *Schmalenbach* zu dieser Zeit unter „fixen Kosten" nur die *absolut* fixen Kosten verstand, was auch durch folgende aufschlußreiche Bemerkung bestätigt wird: „Bedarf die Betriebsanlage bei völliger Außerbetriebsetzung der Abschreibung, Verzinsung und Unterhaltung, so tritt allerdings durch Betriebseinstellung eine wesentliche Kostenersparnis *nicht* (Hervorhebung vom Verf.) ein[23]."

1930 jedoch modifiziert *Schmalenbach* den Begriff der fixen Kosten, indem er die Feststellung trifft, daß „... der Anteil der fixen Kosten mit dem Beschäftigungsgrad stark schwankt"[24], wobei er das Steigen der fixen Kosten damit erklärt, „... daß man dem Betrieb in immer größerem Umfang die Eigenschaft der *Betriebsbereitschaft* (Hervh. v. Verf.) verleiht, ehe man zu produzieren oder überhaupt etwas zu leisten beginnt"[25]. *Schmalenbach* hatte damit erkannt, daß die fixen Kosten, entgegen seiner ursprünglichen Ansicht, nicht etwas absolut Fixes sind, sondern ebenfalls dispositionsbedingt, wenn auch nur innerhalb längerer Perioden. Die Feststellung *Schmalenbachs*: „Die lebende Betriebsbereitschaft ist gewöhnlich kostspieliger als die tote"[26], stellt dann schon eine Präzisierung seiner neuen Erkenntnis dar, indem er die fixen Kosten in eine Art Kapazitätskosten und eigentliche Bereitschaftskosten trennt, wobei *Schmalenbach* zur *toten* Betriebsbereitschaft die „Bereithaltung von Maschinen, Gebäuden usw." zählt, während er zur *lebenden* Betriebsbereitschaft das „Inlaufsetzen und Inlaufhalten von Kräften und Kosten verursachenden Einrichtungen" rechnet[27].

c) *Degressive Kosten*

Unter „degressiven Kosten" versteht *Schmalenbach* Gesamtkosten, die mit steigendem Beschäftigungsgrad zwar steigen, wobei aber „die Steigerung geringer ist als die Steigerung der Produktion"[28]. Die „degressi-

---

[22] Schmalenbach, E.: Grundlagen der Selbstkostenrechnung und Preispolitik, 2. Auflage, S. 25.
[23] Schmalenbach, E.: Grundlagen der Selbstkostenrechnung und Preispolitik, 2. Auflage, S. 22.
[24] Schmalenbach, E.: Grundlagen der Selbstkostenrechnung und Preispolitik, 5. Auflage, Leipzig 1930, S. 35.
[25] Schmalenbach, E.: Grundlagen der Selbstkostenrechnung und Preispolitik, 5. Auflage, S. 35.
[26] Schmalenbach, E.: Grundlagen der Selbstkostenrechnung und Preispolitik, 5. Auflage, S. 35.
[27] Vgl. Schmalenbach, E.: Grundlagen der Selbstkostenrechnung und Preispolitik, 5. Auflage, S. 35.

ven Kosten" sind also „Mischkosten", d. h. sie setzen sich zusammen aus fixen Kosten und proportionalen Kosten. Durch den Degressionseffekt der fixen Kosten fallen die *Durchschnittskosten* bei steigendem Beschäftigungsgrad.

„Degressive Kosten werden daher von denen, die nach Leistungseinheiten unterscheiden, ebenso wie die fixen Kosten als variable Kosten bezeichnet[29]." *Schmalenbach* scheint also *keine* variablen „degressiven Kosten" zu kennen[30]. Es gibt nur *degressive Gesamtkosten,* die nach *Schmalenbach* dann gegeben sind, wenn ein Betrieb weder ausschließlich fixe Kosten (Brücke, Kanal) noch ausschließlich proportionale (Verlagsgeschäft) hat, sondern beide Kostenarten, also ein Gemenge aus fixen und proportionalen Kosten aufweist. Überwiegen die fixen Kosten, so ist die Degression stark, überwiegen die proportionalen Kosten, so ist die Degression schwach[31]. Diese Feststellung sei nun an Hand des Beispiels von *Schmalenbach* nachgewiesen[32]:

„Folgendes Beispiel zeigt *alle* (Hervh. v. Verf.) vier Kostenkategorien hintereinander:" (gemeint sind die fixen, degressiven, proportionalen und progressiven Kosten)

Jahr	Produktion in P	Kosten	Kosten für 1 P	
1908	500	100 000,—	200,—	fixe
1909	800	100 000,—	125,—	
1910	1 000	100 000,—	100,—	
1911	1 200	108 000,—	90,—	degressive
1912	1 600	128 000,—	80,—	
1913	2 000	150 000,—	75,—	
1914	2 400	180 000,—	75,—	proportionale
1915	2 800	210 000,—	75,—	
1916	3 200	256 000,—	80,—	
1917	3 600	324 000,—	90,—	progressive
1918	4 000	400 000,—	100,—	

In den Jahren 1908, 1909 und 1910 werden 500, 800 und 1000 P erzeugt. Die Kosten bleiben stets S. 100 000,—, sie sind also „*fix*". In den Jahren 1911, 1912 und 1913 werden 1200, 1600 und 2000 P erzeugt, wobei die Kosten steigen und zwar auf 108 000,—, 128 000,— und 150 000,—. Da die

---

[28] Schmalenbach, E.: Grundlagen der Selbstkostenrechnung und Preispolitik, 2. Auflage, S. 23.

[29] Schmalenbach, E.: Grundlagen der Selbstkostenrechnung und Preispolitik, 2. Auflage, S. 23.

[30] Vgl. Heinen, E.: Betriebswirtschaftliche Kostenlehre, Band I, Grundlagen, Wiesbaden 1959, S. 137.

[31] Vgl. Schmalenbach, E.: Grundlagen der Selbstkostenrechnung und Preispolitik, 2. Auflage, S. 24.

[32] Schmalenbach, E.: Grundlagen der Selbstkostenrechnung und Preispolitik, 2. Auflage, S. 26.

I. Die Kostentheorie Schmalenbachs

vollen Durchschnittskosten infolge des Degressionseffektes der Fixkosten weiter fallen, nennt sie *Schmalenbach* „degressive Kosten", obwohl die *zusätzlichen Kosten je Stück progressiv* verlaufen, was sich aus folgender *Schmalenbach*scher Schichtkostenbetrachtung klar ergibt[33]:

	Produktion in P	Kosten	Kosten für 1 P in der einzelnen Schicht
1. Schicht	500	100 000,—	200,—
2. Schicht	300	—	—
3. Schicht	200	—	—
4. Schicht	200	8 000,—	40,—
5. Schicht	400	20 000,—	50,—
6. Schicht	400	22 000,—	55,—
7. Schicht	400	30 000,—	75,—
8. Schicht	400	30 000,—	75,—
9. Schicht	400	46 000,—	115,—
10. Schicht	400	68 000,—	170,—
11. Schicht	400	76 000,—	190,—
	4 000	400 000,—	

Da die Schichtkosten (d. h. die zusätzlichen Kosten ab dem Jahr 1911) von Anfang an progressiv sind, müssen auch die variablen Kosten einen progressiven Verlauf zeigen. Dieser progressive Verlauf der „degressiven Kosten" zeigt sich auch an Hand des *Schmalenbach*schen Diagramms der vier Kostenkategorien[34]:

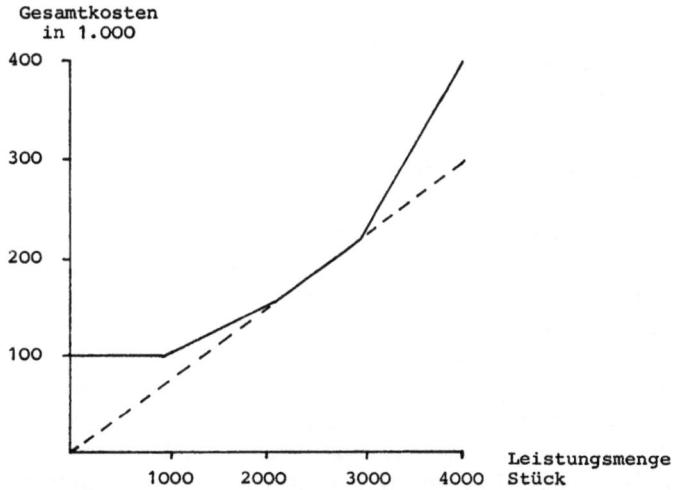

---
[33] Schmalenbach, E.: Grundlagen der Selbstkostenrechnung und Preispolitik, 2. Auflage, S. 27.

[34] Schmalenbach, E.: Grundlagen der Selbstkostenrechnung und Preispolitik, S. 41 und 6. Aufl. (Selbstkostenrechnung und Preispolitik, Leipzig 1934), S. 42.

„Die Beschäftigungsspanne 2000 - 2800 Tonnen stellt die normale Produktion dar, bei der die Kosten eine Weile proportional verlaufen. Oberhalb und unterhalb dieser Produktion sind die Kosten relativ höher; bei geringerer Produktion infolge *Degression,* bei höherer Produktion infolge *Progression* (Hervh. v. Verf.). Um das zu zeigen, ist die Proportionallinie als punktierte Linie nach oben und nach unten verlängert, sie beginnt bei 0 Produktion mit 0 Kosten im Fadenkreuz des Diagramms und endigt bei 4000 P Produktion mit 300 000,—[35]."

Auf Grund dieser eindeutigen zusammenfassenden Darstellung *Schmalenbachs* könnte man seine „degressiven Kosten" als jene Kosten definieren, die solange gegeben sind, als der *Degressionseffekt der fixen Kosten ein Sinken der Durchschnittskosten* verursacht, gleichgültig ob die mit der Produktionssteigerung *zuwachsenden Kosten* proportional oder *progressiv* sind. Die „*Degressionszone*" Schmalenbachs erkennt man somit als eine *Progressionszone,* da die zusätzlichen Kosten progressiv zunehmen, wobei aber die progressiven Kosten durch die starke Degression der Fixkosten überkompensiert werden, so daß die *Durchschnittskosten* „*degressiv*" *sind*.

Soweit wären die *Schmalenbach*schen „degressiven Kosten" klar umrissen. Nun scheint aber *Schmalenbach* in seiner weiteren Ausführung unter der Überschrift „Die Einzelkosten in ihrer Abhängigkeit vom Beschäftigungsgrad" auf die Existenz von variablen degressiven Kosten hinzuweisen; indem er ausführt[36]:

„Die Gesamtkosten setzen sich aus Einzelkosten zusammen. Auch diese müssen die Bilder der Proportionalität, Fixität, Degression und Progression zeigen, anders könnten diese Erscheinungen bei den Kosten in ihrer Gesamtheit nicht zutage treten."

Es handelt sich aber wohl nicht um eine Inkonsequenz, sondern um eine oft mißverstandene Definition, denn da man unter „Einzelkosten" im allgemeinen *variable* Kosten versteht, hat man vielfach angenommen, daß *Schmalenbach* auch *degressive variable* Kosten in seine Theorie einbezogen hätte. Da *Schmalenbach* jedoch sagt: „Die *Gesamtkosten* setzen sich aus Einzelkosten zusammen" ist es klar, daß *Schmalenbach* das Wort „Einzelkosten" im Sinne von *Kostenarten* verstanden hat, die in ihrer Gesamtheit die Gesamtkosten ergeben. Die „Einzelkosten" sind also nicht identisch mit den variablen Kosten der Leistungserstellung! Die degressiven Einzelkosten sind nichts anderes, als die in *Kostenarten* gespaltenen *Gesamtkosten,* die sich aus fixen und proportionalen Kosten zusammensetzen, wobei es auch Kostenarten geben wird, die für sich wiederum aus

---

[35] Schmalenbach, E.: Grundlagen der Selbstkostenrechnung und Preispolitik, 2. Auflage, S. 26.

[36] Schmalenbach, E.: Grundlagen der Selbstkostenrechnung und Preispolitik, 2. Auflage, S. 27.

fixen und proportionalen Elementen zusammengesetzt sind. So würde z. B. die Kostenart „Abschreibungen" „degressive Einzelkosten" ergeben, denn sie setzt sich zusammen aus der Abschreibung für technische Entwertung, die den fixen Kostenbestandteil verursacht, und aus Abschreibung für Abnutzung durch Gebrauch, die den proportionalen Kostenbestandteil ausmacht, so daß sich für die degressive Kostenart „Abschreibung" folgendes Bild ergibt:

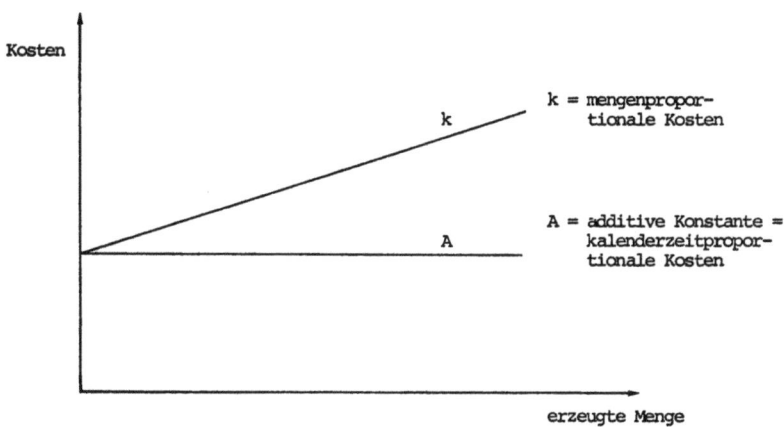

Die hier vertretene Auffassung des Wesens der *Schmalenbach*schen „degressiven Kosten" erscheint auch dadurch erhärtet, daß *Schmalenbach*[37] im Jahre 1930 nicht mehr von „Einzelkosten", sondern von „Kostenarten in ihrer Abhängigkeit vom Beschäftigungsgrad" spricht[38].

d) Progressive Kosten

Progressive Kosten sind nach *Schmalenbach* die „typische Erscheinung bei übermäßiger Beschäftigung; sie sind ein Überanstrengungsmerk-

---

[37] Vgl. Schmalenbach, E.: Grundlagen der Selbstkostenrechnung und Preispolitik, 5. Auflage, S. 42.

[38] Im Gegensatz zu allen seinen sonstigen Veröffentlichungen bringt Schmalenbach im Jahre 1947 (Pretiale Wirtschaftslenkung, Bd. 1, Die optimale Geltungszahl, Bremen-Horn 1947, S. 46) ein Zahlenbeispiel, bei welchem sich bei ganz geringer Auslastung echte degressive zusätzliche Kosten ergeben; über einen weiten Bereich die zusätzlichen Kosten proportional verlaufen und bei Überbelastung progressiv werden. Allerdings handelt es sich nicht um die Kostenaufzeichnungen eines Fabrikationsbetriebes, sondern um die einer kalorischen Kraftstation, für welche auch in der modernen Kostentheorie eine u-förmige Grenzkostenkurve (Verbrauchsfunktion) angenommen wird. (Vgl. Gutenberg, E.: Grundlagen der Betriebswirtschaftslehre, Erster Band, Die Produktion, 3. Auflage, Berlin - Göttingen - Heidelberg 1957, S. 217.)

mal"[39], wobei er die allgemeine Regel aufstellt, „daß bei Betrieben, die bei schwachem Beschäftigungsgrad stark degressive Kosten haben, die Kosten bei übermäßiger Beschäftigung stark progressiv werden"[40]. Diese „stark degressive Kosten" ergeben sich aus einem großen Anteil der Fixkosten an den Gesamtkosten und durch die zunehmende Auslastung dieser fixen Kosten ergibt sich die Notwendigkeit, progressiv fortschreitend wieder neue Fixkosten zu installieren, um die Produktion weiter erhöhen zu können, wodurch sich der Progressionseffekt ergibt, denn „Die Schwerfälligkeit der Anlage äußert sich nach beiden Seiten"[41].

Schmalenbach kennt jedoch auch progressive variable Kosten, die durch „konzentrierteren Einsatz", „progressive Prämien", höhere Tourenzahl der Maschinen" usw. entstehen[42].

4. Zusammenfassung

Zusammenfassend läßt sich feststellen, daß die *Schmalenbachsche* Kostentheorie kaum im Gegensatz zur modernen Kostentheorie steht. Da *Schmalenbach* einerseits die fixen Kosten ursprünglich als die Kosten definiert, die trotz größter Beschäftigungsschwankungen gleich bleiben und andererseits die proportionalen Kosten als „Kosten der Betriebsausführung" bezeichnet[43], ist es klar, daß in diesen *„proportionalen"* Kosten auch Teile der Bereitschaftskosten enthalten sein müssen, die sprungfix sind und dadurch Progressionseffekte verursachen. Da außerdem die „degressiven Kosten" *Schmalenbachs als degressive Durchschnittskosten sich erwiesen,* kann man unter Vernachlässigung der variablen progressiven Kosten den *Schmalenbachschen* Kostenverlauf wie folgt interpretieren, wobei angenommen werden soll, daß die proportionalen Kosten im eigentlichen Sinn (also die konstanten Kosten je Einheit) als durch das Steigungsmaß der Kosten vom Beschäftigungsgrad 1000 bis 1200 gegeben seien[44].

Die ruhende Anlage verursacht „absolut fixe" Kosten, die Bereitschaftskosten sind abhängig vom Beschäftigungsgrad, wobei ein Teil davon bei vorhandenem Willen zur Leistungserstellung fix ist und daher zu den fixen Kosten gerechnet wird. Die restlichen Leistungsbereit-

---

[39] Schmalenbach, E.: Grundlagen der Selbstkostenrechnung und Preispolitik, 2. Auflage, S. 25.

[40] Schmalenbach, E.: Grundlagen der Selbstkostenrechnung und Preispolitik, 2. Auflage, S. 25.

[41] Schmalenbach, E.: Grundlagen der Selbstkostenrechnung und Preispolitik, 2. Auflage, S. 25.

[42] Schmalenbach, E.: Grundlagen der Selbstkostenrechnung und Preispolitik, 2. Auflage, S. 25.

[43] Schmalenbach, E.: Selbstkostenrechnung, in: ZfhF 1919, S. 297.

[44] Vgl. S. 23.

I. Die Kostentheorie Schmalenbachs

schaftskosten variieren mit dem Grad der Leistungsbereitschaft bzw. der Beschäftigung; sind also, da sie sich von Grad zu Grad ändern, *sprungfix* oder relativ fix. Da *Schmalenbach* in seinem Diagramm der Gesamtkosten nur die absolut fixen Kosten parallel zur Ordinate aufträgt, ergibt sich, daß die sprungfixen Kosten in der Kurve der variablen Kosten enthalten sein müssen. Löst man nun die variablen Kosten graphisch in die wirklich proportionalen Kosten einerseits und in die sprungfixen Kosten andererseits auf, so ergibt sich ein treppenförmiger Verlauf, der aber, nicht wie später bei *Rummel, Walther* und *Gutenberg,* gleichförmig verläuft, sondern bei dem die Stufen bei gleichbleibendem Intervall der Beschäftigungszunahme zuerst langsam höher werden, dann einige Zeit gleich hoch ausfallen und dann noch stärker steigen. Das heißt also, daß die Abstände zwischen den einzelnen Sprüngen bei angenommener gleichbleibender Stufenhöhe kleiner werden, dann einige Zeit gleich groß ausfallen und dann wiederum in noch stärkerem Maß kleiner werden, und zwar deshalb, weil zunächst unter Ausnutzung der vorhandenen Leistungsbereitschaft produziert werden kann (1000 - 1200 P), in der Folge dann bei Ausdehnung der Produktion die Installation progressiv ansteigender sprungfixer Bereitschaftskosten notwendig wird, wobei sowohl die Progression der Kostenzuwächse als auch die Degression der Gesamtkosten verflacht; dann im Bereich der Normalbeschäftigung die sprungfixen Kosten gleichmäßig anfallen und schließlich nach Überschreiten dieser Normalbeschäftigung die sprungfixen Kosten immer häufiger werden[45].

Den Beschäftigungsbereich verflachend progressiv zunehmender Kosten (1000 P - 2000 P) bezeichnet *Schmalenbach* wegen der, infolge Fixkostendegression abnehmend sinkenden Durchschnittskosten, als „Degressionszone". Diese reicht bis zu der Beschäftigungslage, in der die Durchschnittskosten ihr Minimum erreichen, also bis zu der Zone, in der die zusätzlichen sprungfixen Kosten und eventuelle progressive variable Kosten den Degressionseffekt der absolut fixen Kosten kompensieren.

In der dann folgenden „proportionalen Zone" sind die sprungfixen Kosten größer bzw. der Abstand zwischen den einzelnen Sprüngen geringer als der größte Sprung bzw. der kleinste Abstand in der „Degressionszone", verlaufen aber eine lange Beschäftigungsspanne gleichmäßig steigend, wobei nach *Schmalenbach* dieser Abschnitt der Gesamtkostenkurve einen Teil der Tangente an die Gesamtkostenkurve vom Nullpunkt des Koordinatensystems aus bildet, so daß sich in dieser Zone gleichbleibende Durchschnittskosten, die auch gleichzeitig die minimalen Durchschnittskosten bilden, ergeben (1200 P - 2000 P), wozu *Schmalenbach* folgendes ausführt:

---

[45] Vgl. Schaubild auf Seite 28.

„Viele Betriebe haben um die normale Beschäftigung herum oft annähernd proportional verlaufende Kosten (gemeint sind gleichbleibende Durchschnittskosten, Anm. d. Verf.), weil sich in dieser Beschäftigungslage degressive und progressive Kosten annähernd die Waage halten. Das ist zum Teil der Grund dafür, daß in der Praxis die Kosten unter dem Gesichtspunkt der Proportionalität gesehen werden[46]."

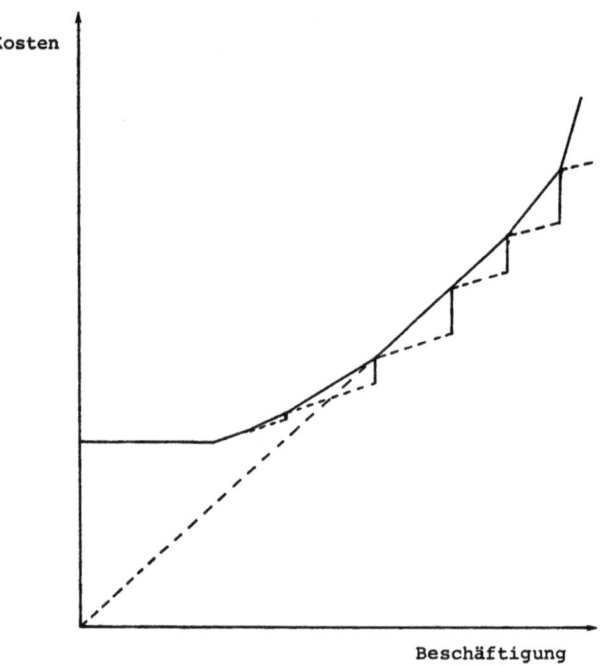

Will man die Leistung des Betriebes über diese Zone der „proportionalen Kosten" erhöhen, so werden die Kosten wiederum progressiv steigen, denn durch eine weitere Leistungserhöhung werden die Kosten unverhältnismäßig stark, und zwar fortschreitend progressiv anwachsen, da die Abstände zwischen den einzelnen Stufen der sprungfixen Kosten immer geringer werden: „Ist die Beschäftigung größer als diejenige, für die der Betrieb normalerweise angelegt ist, so pflegt die Degression aufzuhören und sich oft plötzlich in ihr Gegenteil, die Progression, zu verwandeln, um schließlich den Grad zu erreichen, bei dem eine weitere Belastung ohne Betriebserweiterung nicht mehr möglich ist[47]." Dies läßt sich dadurch erklären, daß in immer kürzerer Folge ein Teilbereich

---

[46] Schmalenbach, E.: Grundlagen der Selbstkostenrechnung und Preispolitik, 2. Auflage, S. 28.

[47] Schmalenbach, E.: Grundlagen der Selbstkostenrechnung und Preispolitik, 2. Auflage, S. 23.

I. Die Kostentheorie Schmalenbachs 29

nach dem anderen für eine höhere Leistungsbereitschaft ausgebaut werden muß, wobei die damit verbundenen sprungfixen Kosten im Vergleich zur zusätzlich erzielten Leistungskraft (infolge der immer ungünstiger werdenden Produktionsbedingungen) immer stärker steigen. Dieser Progressionseffekt wird noch verstärkt durch progressive variable Kosten, wie Überstundenlöhne usw.

Schmalenbach hat nun aber keinesfalls behauptet, daß die Kapazität eines Betriebes unveränderlich sei, im Gegenteil, er bezeichnete das Auftreten von progressiven Kosten nur als „eine *Übergangserscheinung* (Hervh. v. Verf.), wenn man die Anlagen vergrößern oder die Betriebe vermehren kann"[48]. Nach dieser Übergangssituation „wird die Beschäftigung wieder normal und die Progression hört auf"[49]. Stellt man nun so eine Kapazitätsvergrößerung graphisch dar, so würde sich folgendes Bild ergeben[50]:

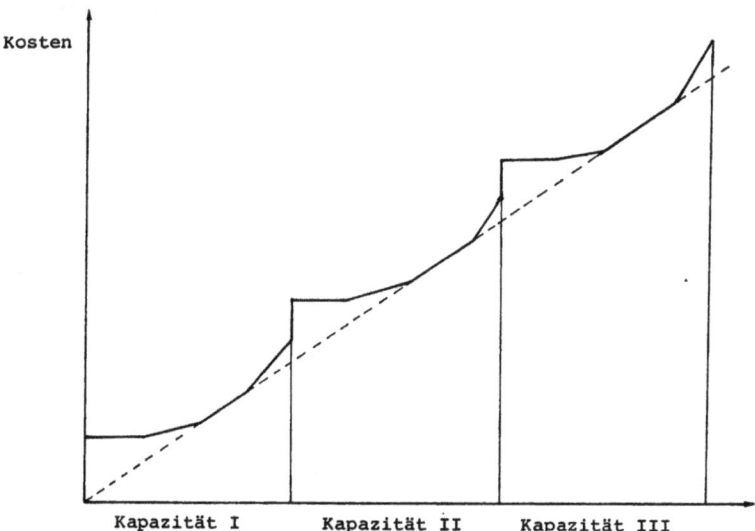

Als Gegenstück zu solchen Betrieben, von denen man annehmen kann, daß sie *Schmalenbach* als für die Industrie repräsentativ ansah, nennt er Betriebe der Landwirtschaft, Bergwerke, Steinbrüche und ähnliche An-

---
[48] Schmalenbach, E.: Grundlagen der Selbstkostenrechnung und Preispolitik, 2. Auflage, S. 25.
[49] Schmalenbach, E.: Grundlagen der Selbstkostenrechnung und Preispolitik, 2. Auflage, S. 25.
[50] Vgl. auf Seite 23 das Diagramm Schmalenbachs über den Gesamtkostenverlauf (für die ersten Stücke keine variablen Kosten / „Degressionszone" / „Proportionalitätszone" / „Progressionszone" /).

lagen, bei denen die Natur die Vermehrung der Kapazität verhindert. „In derartigen Fällen bleiben die Betriebe bei dauernder Nachfrage in ihrem progressiven Stadium stehen[51]."

Abschließend sei noch betont, daß *Schmalenbach* keinesfalls einen Kostenverlauf, der durch unstetige Degression bzw. Progression gekennzeichnet ist, als allgemeingültig verabsolutierte. Er hat im Gegenteil mehrmals betont, daß die Darstellung eines derartigen Kostenverlaufes nur der akademischen Schulung zu dienen hat, um klar herauszustellen, daß es in vielen Betrieben „Degression" und „Progression" gibt, deren richtige Beurteilung ein geschärftes Denken verlangt[52].

Schmalenbach bringt 1930 und nicht erst in seiner 7. Auflage der Grundlagen der Selbstkostenrechnung und Preispolitik[53], wie man großteils annimmt[54], das Beispiel eines linearen Kostenverlaufes, von dem er sogar sagt, daß es sich „offenbar um einen häufig vorkommenden Fall handelt, bei dem die Inbetriebnahme eine bestimmte, unabänderliche Summe kostet und alle weiteren Kosten für jede Einheit ein festes unabänderliches Maß haben"[55].

Umsatz in P	fixe Kosten in K	prop. Kosten in K	Zusammen[56]
1 000	18 000,—	20 000,—	38 000,—
1 200	18 000,—	24 000,—	42 000,—
1 400	18 000,—	28 000,—	46 000,—
1 600	18 000,—	32 000,—	50 000,—
1 800	18 000,—	36 000,—	54 000,—
2 000	18 000,—	40 000,—	58 000,—

Im Falle einer derartigen gleichmäßig verlaufenden Degression, die *Schmalenbach* als einen durchaus „häufig vorkommenden Fall" bezeichnet, sind die fixen Kosten durch einen absoluten Betrag gegeben und die proportionalen Kosten sind wirklich „proportional". Die Grenzkosten bleiben daher bei allen Beschäftigungsgraden gleich, d. h. der „proportionale Satz" bleibt unverändert.

---

[51] Schmalenbach, E.: Grundlagen der Selbstkostenrechnung und Preispolitik, 2. Auflage, S. 25.

[52] Schmalenbach, E.: Grundlagen der Selbstkostenrechnung und Preispolitik, 2. Auflage, S. 20.

[53] Die gar nicht mehr von ihm stammt, sondern von Bauer, R., überarbeitet wurde (Kostenrechnung und Preispolitik, 7. Auflage, Köln 1956).

[54] Vgl. z. B. Heinen, E.: Betriebswirtschaftliche Kostenlehre, Band 1, Grundlagen, Wiesbaden 1959, S. 134.

[55] Schmalenbach, E.: Grundlagen der Selbstkostenrechnung und Preispolitik, 5. Auflage, S. 49 (Zitat umgestellt).

[56] Schmalenbach, E.: Grundlagen der Selbstkostenrechnung und Preispolitik, 5. Auflage, S. 48.

II. Der „Kalkulationswert" Schmalenbachs

1. Einleitung

Im Jahre 1919 bringt *Schmalenbach* den instrumentalen Charakter der Kostenrechnung klar zum Ausdruck indem er feststellt: „Wirtschaften heißt Wählen; und Wählen heißt Vergleichen; vergleichen aber setzt ein Drittes voraus, das sind in unserem Falle die Kosten"[57]. Da aber die den Kosten zugrunde liegenden Preise im großen Maße etwas Zufälliges sein können, ist es nötig, diese Kosten „durch besondere Kalkulationswerte zu ersetzen und diesen Begriff aus dem Prinzip der Vergleichbarkeit wachsen zu lassen"[58].

Schmalenbach erkennt jedoch, daß nicht in allen Fällen allein ein Vergleich von Kosten und Kosten, auch nicht ein Vergleich von Kosten und Ertrag genügen wird, sondern daß auch ein Vergleich von Ertrag und Ertrag notwendig werden kann, um eine *richtige* „Wahl" zu treffen. *Schmalenbach* versteht also unter seinem Begriff des „Kalkulationswertes" jenen Wert, „... dessen zahlenmäßige Feststellung den Zweck hat, die wirtschaftlichen Wahlvorgänge eines Betriebes richtig zu leiten. Der zahlenmäßig festgestellte Kalkulationswert muß, um dazu tauglich zu sein, gleich dem Wert sein, den ein Gegenstand für den Betrieb hat"[59].

Schmalenbach sieht im „Kalkulationswert" jenes wichtige „Instrument"[60], mit dessen Hilfe sich auch große Betriebe optimal leiten und organisieren lassen, da bei allen Entscheidungen der Wert zum Ansatz gebracht wird, der sich aus der Beurteilung jedes einzelnen Tatbestandes unter Berücksichtigung *aller* inner- und außerbetrieblichen Bedingungen ergibt, wobei dieser Wert durch die *Kosten* im Falle der Wiederbeschaffbarkeit und durch den *Nutzen* bei beschränktem Vorhandensein bzw. bei Nichtwiederbeschaffbarkeit, bestimmt wird. *Schmalenbach* hat also schon klar erkannt, daß der Kalkulationswert ein *Grenzkostensatz* (= proportionaler Satz) oder auch ein *Grenznutzensatz* sein kann; „... ein Grenzkostensatz ist er solange, wie es möglich ist, die Beanspruchung der verbrauchenden Betriebe durch Produktion zu befriedigen. Der Grenznutzensatz ist anzuwenden, wenn die Produktion irgendwie gehemmt wird und der Bedarf der verbrauchenden Betriebe trotzdem weiter steigt"[61].

---

[57] Schmalenbach, E.: Grundlagen der Selbstkostenrechnung und Preispolitik, 2. Auflage, S. 9.
[58] Schmalenbach, E.: Grundlagen der Selbstkostenrechnung und Preispolitik, 2. Auflage, S. 12.
[59] Schmalenbach, E.: Grundlagen der Selbstkostenrechnung und Preispolitik, 5. Auflage, S. 15.
[60] Schmalenbach, E.: Grundlagen der Selbstkostenrechnung und Preispolitik, 5. Auflage, S. 16.
[61] Schmalenbach, E.: Grundlagen der Selbstkostenrechnung und Preispolitik, 5. Auflage, S. 27.

2. Der „Proportionale Satz" („Grenzkostensatz")

Der erste Ansatz eines „proportionalen Satzes" zeigt sich schon in der ersten Veröffentlichung *Schmalenbachs*, obwohl er diese Bezeichnung für das Ergebnis seiner mathematischen Kostenauflösung zu dieser Zeit noch nicht verwendete. Da *Schmalenbach* einerseits die „degressiven Unkosten" auf den Degressionseffekt *absolut* „fixer Unkosten" zurückführt und andererseits auch annimmt, daß „progressive Unkosten" — im Gegensatz zur Landwirtschaft — „in der Industrie selten (sind)"[62], kann man erkennen, daß *Schmalenbach* im Jahre 1899 den Verlauf der gesamten Kosten als in der Regel *linear* annahm. Daher erschien es ihm durchaus möglich, die Gesamtkosten auf mathematischem Wege in ihre fixen und *proportionalen* Bestandteile zu zerlegen, was er an folgendem Beispiel demonstrierte[63]:

$$\text{X Waren} = 1 \quad \text{Y Unkosten} \ (\tfrac{1}{2} y + \tfrac{1}{2} y)$$
$$2 \text{ X Waren} = 1\tfrac{1}{2} \text{ Y Unkosten} \ (\tfrac{1}{2} y + 1 \ y)$$

Mit dieser mathematischen Kostenauflösung nach der allgemeinen Formel

$$\frac{K_2 \ ./. \ K_1}{B_2 \ ./. \ B_1}$$

hatte *Schmalenbach* im Jahre 1899 (zum Unterschied von später) eine Errechnung der wirklichen fixen bzw. proportionalen Anteile an den Gesamtkosten durchführen wollen.

Als er in seiner späteren Veröffentlichung jedoch diese mathematische Kostenauflösung an Zahlenbeispielen von mit der Beschäftigung progressiv steigenden Kosten durchführte, konnte dies zu keinem richtigen Ausweis der tatsächlichen fixen bzw. proportionalen Anteile an den Gesamtkosten mehr führen, denn die Kosten der jeweils letzten Schicht waren infolge der angenommenen Progression (hervorgerufen großteils durch *sprungfixe* Kosten) nicht mehr repräsentativ für die Gesamtleistung. Eine Bewertung der gesamten Produktion mit *den Kosten der letzten Schicht* mußte daher zu ganz anderen Ergebnissen führen als eine buchtechnische Kostenauflösung.

Obwohl also zu dieser Zeit (1919) die von der Beschäftigung abhängigen Kosten von *Schmalenbach* nicht mehr als proportional, sondern als *progressiv* angenommen wurden, prägte er gerade damals den nun gar nicht mehr zutreffenden Terminus „Proportionaler Satz", der eigentlich zu seiner (zwanzig Jahre zurückliegenden) ersten Veröffentlichung gepaßt hätte. Im Jahre 1899 erschien *Schmalenbach* nämlich die Bestim-

---

[62] Schmalenbach, E.: Buchführung und Kalkulation im Fabrikgeschäft, S. 8.
[63] Schmalenbach, E.: Buchführung und Kalkulation im Fabrikgeschäft, S. 8.

mung der fixen Kosten durch eine mathematische Kostenauflösung deswegen als durchaus möglich und richtig, weil er zu dieser Zeit die fixen Kosten für etwas Absolutes, Unveränderliches hielt und bei den Kosten der eigentlichen Leistungserstellung von einer, schon von der klassischen Nationalökonomie beobachteten „Proportionalität" sprach.

Verstand *Schmalenbach* also im Jahre 1899 unter „proportionalen Unkosten" jene Kosten, die sich wirklich proportional zur Beschäftigung verhalten, so dehnte er diesen Begriff in seinen späteren Veröffentlichungen auf alle Kosten aus, die durch den jeweiligen Umfang der Leistungserstellung zusätzlich zu den fixen Kosten anfallen. Da er den Verlauf dieser zusätzlichen Kosten im ganzen gesehen als progressiv sich vorstellte, wobei er annahm, daß die *„Progression"* bei gesteigerter Beschäftigung *sprunghaft* einsetzt — „Die Progression sei also sprunghaft"[64] — ergibt sich, daß in diesen „proportionalen Kosten" auch fixe, und zwar *„sprungfixe"* Kosten enthalten sein müssen. Dadurch mußte sich automatisch beim Abrechnen der Gesamtproduktion zum „Proportionalen Satz" das *Schmalenbach*sche Paradoxon der bei zunehmender Beschäftigung abnehmenden *errechneten* Fixkosten bzw. bei abnehmender Beschäftigung zunehmenden Fixkosten ergeben. Denn durch die bei zunehmender Beschäftigung auftretende Notwendigkeit, zunehmend sprungfixe Kosten zu installieren und durch das eventuelle Auftreten anderer progressiver Kosten (durch konzentrierteren Einsatz, Prämie u. a.) müssen die „proportionalen Kosten" *progressiv* steigen. Die „abnehmenden Fixkosten" oder gar die „fixen Erträge" *Schmalenbachs* sind also nichts anderes, als die durch den Abrechnungsmodus, die gesamte Leistung mit den Kosten der letzten Schicht (= „Proportionaler Satz") zu bewerten, herbeigeführte Differenz zwischen Gesamtkosten und gesamten „proportionalen" Kosten.

Schmalenbach bestätigt auch, daß sich die Fixkosten in Wirklichkeit bei steigender Beschäftigung infolge Sprungkosten erhöhen, indem er ausführt: „Die fixen Kosten sind nicht dauernd fest; sie sind nur fest im Vergleich zu den nächstliegenden, nicht zu den fernliegenden Beschäftigungsgraden..."[65], denn „Man muß ... annehmen, daß die Betriebsbereitschaft verschiedene Grade für verschiedene Beschäftigungsgraden hat"[66].

Man kommt somit zu dem Ergebnis, daß die *errechneten*, bei zunehmender Beschäftigung abnehmenden Fixkosten nicht gleich den *wirk-*

---

[64] Schmalenbach, E.: Grundlagen der Selbstkostenrechnung und Preispolitik, 2. Auflage, S. 22.
[65] Schmalenbach, E.: Grundlagen der Selbstkostenrechnung und Preispolitik, 2. Auflage, S. 31.
[66] Schmalenbach, E.: Grundlagen der Selbstkostenrechnung und Preispolitik, 2. Auflage, S. 31.

lichen Fixkosten sind, sondern nur die Aufgabe haben, anzuzeigen, daß die „Degression" immer schwächer wird und im Falle von negativen errechneten Fixkosten sogar eine „Progression" eingetreten ist. *Schmalenbach* selbst bezeichnet auch die absolute Abnahme der errechneten fixen Bestandteile an den Gesamtkosten bei steigender Beschäftigung als „Kennzeichen einer allmählich abnehmenden Degression, wie sie häufig vorkommt"[66].

a) Degressionszone

Diese „*Degression*" schreitet mit immer geringer werdendem Effekt fort, bis man in die Proportionalitätszone gelangt. Graphisch läßt sich dieser Tatbestand in der Weise darstellen, indem man die Kurve der Kosten der jeweiligen Schicht mit einer Tangente nach rückwärts verlängert. Die Tangente trifft an dem Punkt auf die Ordinate, der den *errechneten* fixen Kosten entspricht. Hierzu sei folgendes Zahlenbeispiel *Schmalenbachs* angeführt[67]:

Produktion	Gesamtkosten	Diff. insges.	Diff./St.	Prop. K insges.	Fixe Kosten als Diff. Ges. K ./. Prop. K
1 000	100 000,—	—	—	—	—
1 200	108 000,—	8 000,—	40,—	48 000,—	60 000,—
1 400	118 000,—	10 000,—	50,—	70 000,—	48 000,—
1 600	128 000,—	10 000,—	50,—	80 000,—	48 000,—
1 800	139 000,—	11 000,—	55,—	99 000,—	40 000,—
2 000	150 000,—	11 000,—	55,—	110 000,—	40 000,—

---

[67] Schmalenbach, E.: Grundlagen der Selbstkostenrechnung und Preispolitik, 2. Auflage, S. 29.

II. Der Kalkulationswert

Graphisch dargestellt würde sich folgendes Bild ergeben:

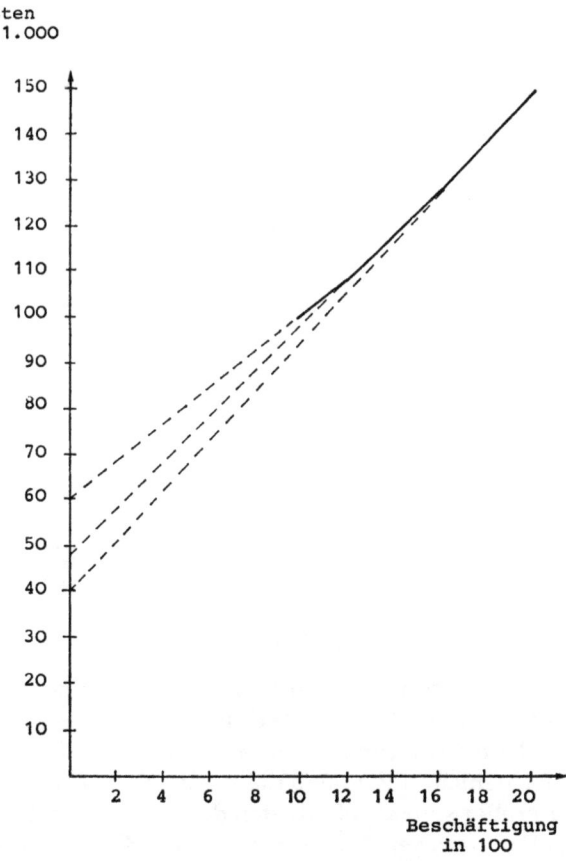

b) Proportionalitätszone

Ist man in der „Proportionalitätszone" angelangt, so sind die *errechneten* fixen Kosten gleich null, denn diese Zone ist dadurch gekennzeichnet, daß die Kosten je Stück der zusätzlichen Schicht den vollen Durchschnittskosten entsprechen und so, wenn man diese mit der Gesamtproduktion multipliziert, genau die Gesamtkosten sich ergeben.

Hiezu sei folgendes Beispiel angenommen:

Stück	Gesamt-kosten	Diff. insges.	Diff./St.	Prop. K. insges.	Fixe K. als Diff. Ges. K.: Pr. K.
2 000	140 000,—				
2 200	154 000,—	14 000,—	70,—	154 000,—	0

Graphisch dargestellt würde sich folgendes Bild ergeben:

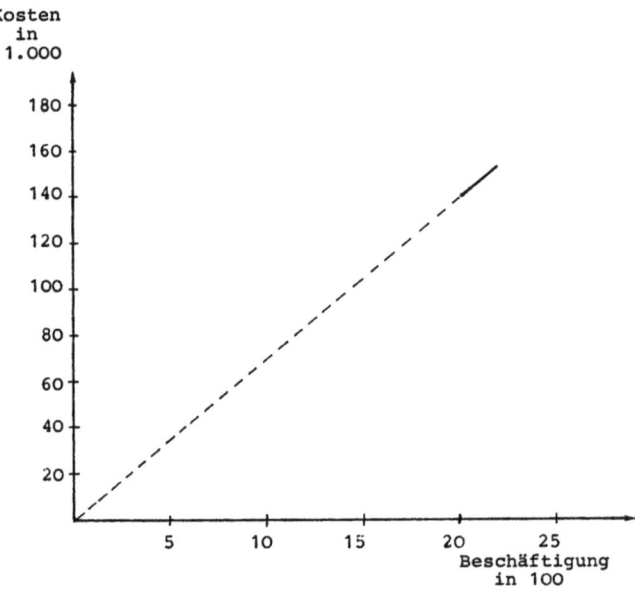

c) *Progressionszone*

Die Auflösung der „progressiven Kosten" in ihre fixen und proportionalen Bestandteile muß für die *errechneten* Fixkosten einen negativen Wert ergeben, denn das Kennzeichen der *Schmalenbach*schen „progressiven Kosten" ist ja nicht allein, daß die zusätzlichen Kosten einer zusätzlichen Schicht größer sind als die Kosten der vorangegangenen (es könnte sich in diesem Fall nach der *Schmalenbach*schen Konzeption auch um eine „Degression" handeln, wenn die zusätzlichen Kosten pro Stück unter den vollen Durchschnittskosten liegen), sondern daß die Kosten pro Stück einer zusätzlichen Schicht größer sind als die vollen Durchschnittskosten. Ist dies der Fall, so muß sich bei Abrechnung der gesamten Produktion zu diesen (über den Durchschnittskosten liegenden Schichtkosten) eine größere Kostensumme ergeben, als in Wirklichkeit angefallen ist, wodurch die „negativen fixen Kosten" („fixe Erträge") sich ergeben.

Dazu sei ein Beispiel *Schmalenbachs* gebracht:

Produktion	Gesamtkosten	Diff. insges.	Diff./St.	err. Prop. K.	err. Fixk.
2 800	210 000,—				
3 200	256 000,—	46 000,—	115,—	368 000,—	— 112 000,—
3 600	324 000,—	68 000,—	170,—	612 000,—	— 288 000,—
4 000	400 000,—	76 000,—	190,—	760 000,—	— 360 000,—

Graphisch würde sich folgendes Bild ergeben:

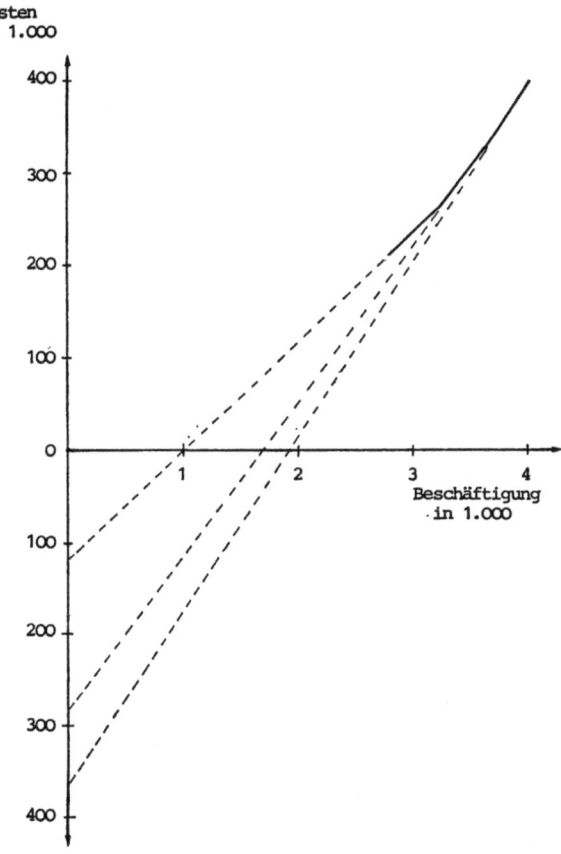

d) *Zusammenfassung*

Auf Grund der Kritik[68] an der „Richtigkeit" der mathematischen Kostenauflösung im Hinblick auf das ganz anders geartete Ergebnis einer buchtechnischen Kostenauflösung, sah sich *Schmalenbach* schon in der

---

[68] Vgl. z. B. Maletz, J.: „Kostenauflösung" in: ZfhF 1926, S. 293 ff.; Lorentz, St.: „Die Schmalenbachschen Kostenkategorien" in: ZfhF 1927, S. 311 ff.; Kosiol, E.: „Kostenauflösung und Proportionaler Satz" in: ZfhF 1927, S. 345 ff.: Sowohl Maletz als auch Lorenz klammern sich an die nicht immer glückliche Diktion Schmalenbachs, scheinen jedoch den Sinn seiner Ausführungen nicht zu verstehen. Nur Kosiol erfaßt die eigentlichen Gedanken Schmalenbachs, wobei er jedoch die Schmalenbachsche Kostensystematik neu interpretiert oder von sich aus erweitert, indem er die Kosten in *fixe* einerseits und *variable* andererseits trennt und die variablen wieder in „degressive", „proportionale" und „progressive" gliedert. Diese Ausführungen Kosiols sowie die Veröffentlichung der Kostentheorie Mellerowicz' mögen die Gründe sein, daß man Schmalenbach

5. Auflage seiner Selbstkostenrechnung und Preispolitik (1930) gezwungen, klarzustellen, daß es sich gar nicht mehr um das Problem der Ermittlung der tatsächlichen fixen bzw. proportionalen Kosten (wie es 1899 der Fall war) handelt, sondern darum, einen Indikator zu haben, der anzeigt, in welcher Weise die Fixkosten ausgelastet sind, denn danach bildet sich im allgemeinen der „Kalkulationswert" *ähnlich der Rente in der Nationalökonomie,* die sich u. a. darin zeigt, daß diejenigen Produzenten, die billiger erzeugen als der letzte, der noch zur Bedarfsdeckung herangezogen wird (und nach dessen Kosten sich auch der Preis richten wird) diesem gegenüber einen automatischen Mehrertrag, eine Rente erzielen, wodurch sich der Wert der Gesamtproduktion nach den Grenzkosten (Kosten des letzten noch herangezogenen Produzenten = letzte Produktionsschicht) richten wird. Die Multiplikation der Gesamtproduktion mit dem „Proportionalen Satz" kann daher gar nicht die Aufgabe haben, eine Auflösung der wirklichen Kosten darzustellen, sondern nur die, den *Kalkulationswert* zu bestimmen. Da *Schmalenbach* erkennen mußte, daß die (inhaltlich absolut unbefriedigende) Bezeichnung „Proportionaler Satz" zu zahlreichen falschen Interpretationen führte, entschloß er sich im Jahr 1930 diesen Terminus durch „Grenzkostensatz" zu ersetzen[69], wobei aber zu beachten ist, daß es sich in Wirklichkeit nicht um das Ergebnis einer Infinitesimal-, sondern um das einer Schichtkostenrechnung handelt.

3. Der „Grenznutzensatz"

Solange es einem Betrieb möglich ist, zusätzliche Aufträge zur Auslastung noch ungenutzter Kapazität anzunehmen, wird sein Interesse daran durch einen Vergleich des erzielbaren Ertrages mit den zusätzlichen Kosten (= Grenzkosten) bestimmbar sein. Ist aber ein Betrieb infolge eines Engpasses nicht mehr in der Lage, eine zusätzliche Leistung zu erstellen, obwohl er sie am Markt verwerten könnte, so kann ein isolierter Vergleich zwischen Kosten und Ertrag (der zusätzlich absetzbaren, jedoch ohne Programmänderung nicht erstellbaren Leistung) nicht mehr genügen. Entscheidend ist dann nicht mehr, *daß* die Grenzkosten den Nettoerlös überwiegen, sondern allein in *welchem Ausmaß,* denn durch die „Konkurrenz der Verwendungszwecke"[70] kommt es zu einer Selektion, durch welche die weniger nutzbringenden Verwendungsarten zugunsten der mehr nutzbringenden ausscheiden müssen. Zur Erläuterung

---

vielfach als einen Vertreter der ertragsgesetzlichen Kostenfunktion (also einer Kostenkurve mit Wendepunkt) ansieht, der er jedoch in Wirklichkeit nicht gewesen ist.

[69] Schmalenbach, E.: Grundlagen der Selbstkostenrechnung und Preispolitik, 5. Auflage, S. 52 ff.

[70] Schmalenbach, E.: Grundlagen der Selbstkostenrechnung und Preispolitik, 2. Auflage, S. 15.

II. Der Kalkulationswert

führt *Schmalenbach* ein Beispiel von nur beschränkt verfügbarem und nicht wiederbeschaffbarem Kupfer an[71]:

Vorhandener Vorrat an Kupfer 10 000 kg, gekauft zu 2 500,—/t

Verwendungszweck	Kupferbedarf	auf die Tonne verr. Gewinn
1	4 000	25 000,—
2	5 000	19 000,—
3	1 000	9 000,—
4	2 000	6 000,—
5	8 000	4 000,—

Der Kalkulationswert des Kupfers ist mit 6000,—/t (anstatt des Kaufpreises von 2500,—/t anzusetzen, denn der alternativ erzielbare Gewinn, den die beste, nicht mehr realisierte Verwendungsmöglichkeit gebracht hätte, würde 6000,—/t betragen. Die Verwendung des Kupfers zum Zwecke 3 „kostet" also den alternativ erzielbaren Nutzen des Verwendungszweckes 4. „Dieser entgehende Nutzen ist es, den jede tatsächliche Verwendung als Minimum aufbringen muß; das ist die Bedingung unter der sie gegenüber der nicht tatsächlichen Verwendung eine tatsächliche werden darf"[72].

Schmalenbach betont, daß dieser Grundsatz für *alle* knappen Mittel des Betriebes gültig sei, indem er ausführt[73]: „Diese Regel gilt nicht nur für Material, sie gilt in gleicher Weise, wenn die Arbeitskraft nicht mehr ausreicht und nicht vermehrbar ist. Sie gilt insbesondere auch bei nicht mehr beschaffbaren Anlagen, deren Ausnutzung an der Grenze der Möglichkeit angelangt ist."

Diese Bestimmung des Kalkulationswertes bei einem *Engpaß* war für die damalige betriebswirtschaftliche Literatur durchaus etwas Neues, wenn man sich auch bewußt sein muß, daß sich der Kaufmann oder Fabrikant schon immer gefühlsmäßig nach dieser Kalkulationsregel verhalten haben wird. *Schmalenbach* konstruierte damit einen, dem volkswirtschaftlichen Grenznutzen der subjektiven Werttheorie eng verwandten Kalkulationswert, denn *Schmalenbachs* „Kalkulationswert" in Form des (alternativ erzielbaren) Gewinns des höchsten ausgeschiedenen Verwendungszweckes liegt ganz nahe dem Grenznutzen der Wr. Schule, in welcher die niedrigste noch *durchgeführte* Verwendung den Wert bestimmt. Der Grenznutzensatz *Schmalenbachs* und der der Wr. Schule[74]

---

[71] Schmalenbach, E.: Grundlagen der Selbstkostenrechnung und Preispolitik, 2. Auflage, S. 16.
[72] Schmalenbach, E.: Grundlagen der Selbstkostenrechnung und Preispolitik, 2. Auflage, S. 15.
[73] Schmalenbach, E.: Grundlagen der Selbstkostenrechnung und Preispolitik, 2. Auflage, S. 17.
[74] Vgl. Kerschagl, R.: Volkswirtschaftslehre, 5. Auflage, Wien 1952, S. 70 ff.

stimmen überein, wenn die letzte, noch realisierte Verwendung den gleichen Nutzen stiftet, wie die höchste nicht mehr realisierte Verwendung[75].

III. Die Zwecke der Kostenrechnung

Schmalenbach ist der Meinung, daß unter den Zwecken der Selbstkostenrechnung zwei besonders hervorragen, und zwar (1) als *Grundlage der Preiskalkulation* zu dienen und (2) die *Kontrolle der Betriebsgebarung* zu ermöglichen, wobei beide Zwecke nebeneinander stehen können, sich jedoch meist einer der Zwecke in den Vordergrund schiebt[76]. Er ist der Meinung, daß der Zweck der *Betriebskontrolle* hauptsächlich in der *Urproduktion* vorherrscht, während die Selbstkostenrechnung zum Zwecke der *Preiskalkulation* hauptsächlich in der Fertigwarenindustrie die überragende Rolle spielt. Da *Schmalenbach* davon überzeugt ist, daß die Selbstkostenrechnung verschieden zu gestalten sei, je nach dem Zweck, dem sie dient[76], kommt er zu dem Ergebnis, daß es eigentlich notwendig wäre, „daß ein Betrieb verschiedene Selbstkostenrechnungen nebeneinander führen muß; eine zur Berechnung des erzielbaren Preises, eine zur Berechnung der Preisuntergrenze usw.[77]".

Eine Kostenrechnung zum Zwecke der Kontrolle der Betriebsgebarung wird, nach Ansicht *Schmalenbachs*, vor allem dann wichtig sein, wenn es auf sparsamste, bis ins einzelne wirtschaftliche Betriebsführung ankommt und wenn der Preis auf Grund von Marktgegebenheiten schon fest bestimmt ist und nicht geändert werden kann. Vor allem bei Massenware sei dies der Fall, da deren Preis im allgemeinen festliegt und die Bedürfnisse der Preisrechnung infolgedessen zurücktreten. Diese Voraussetzungen sind nach *Schmalenbach* im hohen Maße in der Urproduktion gegeben, weshalb nach seiner Ansicht in dieser die Selbstkostenrechnung größtenteils der Betriebskontrolle dient, während man in der Fertigwarenindustrie verschiedenste Erzeugnisse herstellt, die eine Selbstkostenrechnung zum Zwecke der Preisermittlung und der Preispolitik erforderlich machen[78].

1. Preiskalkulation

Die Aufgabe der Selbstkostenrechnung zum Zwecke der Preiskalkulation besteht nach *Schmalenbach* vor allem (a) in der Errechnung des er-

---

[75] Vgl. Schmalenbach, E.: Grundlagen der Selbstkostenrechnung und Preispolitik, 2. Auflage, S. 15.

[76] Vgl. Schmalenbach, E.: Grundlagen der Selbstkostenrechnung und Preispolitik, 2. Auflage, S. 52.

[77] Schmalenbach, E.: Grundlagen der Selbstkostenrechnung und Preispolitik, 2. Auflage, S. 56.

[78] Vgl. Schmalenbach, E.: Grundlagen der Selbstkostenrechnung und Preispolitik, 2. Auflage, S. 52.

zielbaren Preises und (b) in der Ermittlung des günstigsten Produktionsprogrammes und Beschäftigungsgrades[79].

a) Die Kalkulation zur Berechnung des erzielbaren Preises

Die Kalkulation zur Berechnung des erzielbaren Preises ist nach *Schmalenbach* im allgemeinen selten, denn er erklärt das Phänomen des Preises mit der subjektiven Wertlehre der Wiener Schule. Nur für Waren, für die es noch keine allgemein bekannten Marktpreise gibt, werden die Preise durch die Kosten, und damit durch die Kostenrechnung bestimmt. „Die Preiskalkulation kommt also nur vor, wo die Produkte einen hohen Grad von Vielgestaltigkeit und minderer Massenhaftigkeit zeigen, denn nur bei ihnen pflegt es einen Marktpreis nicht zu geben[80]."
In allen anderen Fällen hat die Kostenrechnung nur die Aufgabe, den erzielten Preis zu kontrollieren und zu beurteilen, wobei der Gewinn die *elastische* Größe darstellt. Somit erfolgt durch den Gewinnzuschlag die Anpassung an den Markt. „Merkt der Fabrikant, daß er mit dieser Preisliste bei fallenden Preisen nicht mehr durchkommt, oder daß sein Auftragsbestand zu groß wird, so wird der Gewinnzuschlag verändert[81]."

Schmalenbach ist der Meinung, daß die Selbstkostenrechnung zur Bestimmung des erzielbaren Preises von den übrigen Selbstkostenrechnungen von Grund auf verschieden ist, denn man will ja nicht letzten Endes den Ausweis der Selbstkosten, sondern man benötigt diese nur, um einen Schluß auf die Preise tun zu können[82]. Da *Schmalenbach* offenbar eine Angebotskalkulation vor Augen hatte, erschien es ihm ganz wesentlich, den Preis der *Konkurrenz* zu schätzen, weshalb seiner Meinung nach eine derartige Kostenrechnung ihrem Ziel ganz bedeutend näher kommt, „wenn sie die Methoden der entscheidenden Konkurrenz annimmt"[83].

b) Ermittlung des günstigsten Produktionsprogramms und Beschäftigungsgrads

Befindet sich ein Betrieb in schlechter Beschäftigungslage, so wird er nach *Schmalenbach* bei der Hereinnahme seiner Aufträge nicht wählerisch sein, sondern alle Aufträge hereinnehmen, die irgendwie einen po-

---

[79] Vgl. Schmalenbach, E.: Grundlagen der Selbstkostenrechnung und Preispolitik, 2. Auflage, S. 53 ff.
[80] Schmalenbach, E.: Grundlagen der Selbstkostenrechnung und Preispolitik, 2. Auflage, S. 54.
[81] Schmalenbach, E.: Grundlagen der Selbstkostenrechnung und Preispolitik, 2. Auflage, S. 55.
[82] Vgl. Schmalenbach, E.: Grundlagen der Selbstkostenrechnung und Preispolitik, 2. Auflage, S. 55.
[83] Schmalenbach, E.: Grundlagen der Selbstkostenrechnung und Preispolitik, 2. Auflage, S. 56.

sitiven Erfolg versprechen. Herrscht aber eine gute Beschäftigung, so hat der Betrieb die Möglichkeit, die Art seiner Beschäftigung durch die Hereinnahme der ihm genehmen Aufträge zu beeinflussen. „In diesem Falle hat die Selbstkostenrechnung auf die Beschäftigung zu sehen, die die besondere Veranlagung des Betriebes möglichst zur Geltung kommen läßt[84]." Um dies aber zu gewährleisten, ersetzt *Schmalenbach* die Kosten durch seine „*Kalkulationswerte*", die sich nach den Grenzkosten bzw. nach dem Grenznutzen orientieren. *Schmalenbach* versucht an einem allgemeinen Beispiel eine Begründung dafür zu geben, indem er ausführt[85]: „Setzen wir, um uns das Urteil zu erleichtern, den Fall, daß alle Produkte eines Betriebes die gleichen Preise hätten. In einem solchen Fall hat der Betrieb selbstverständlich tunlichst diejenigen Bestellungen aus dem Markt zu holen, die die geringste Summe an Kalkulationswerten verzehrt; dieses Bestreben ist nötigenfalls durch entsprechende Preisofferte zu unterstützen."

Die Forderung, das Produktionsprogramm nach Maßgabe der Kalkulationswerte und nicht nach den vollen Durchschnittskosten zu bestimmen, bedeutet nichts anderes, als daß der *proportionale Satz* sowohl in der Degression, als auch in der Progression heranzuziehen ist und daß bei einem unüberwindlichen Engpaß der *Grenznutzen* desselben ausschlaggebend sein wird. Dieser schon 1919 so klar ausgesprochene Gedanke, das Produktionsprogramm nach einer *Grenzkosten-Grenznutzenbetrachtung* auszuwählen, wurde mehr als 30 Jahre später als neue Erkenntnis gefeiert.

Das Problem der richtigen Zusammensetzung des Produktionsprogrammes und der günstigsten Auslastung der Kapazität hat *Schmalenbach* immer in den Vordergrund seiner Untersuchungen gestellt, wobei er vor allem in der *Preispolitik* das Mittel sieht, „. . . eine möglichst organische Beschäftigung des Betriebes herbeizuführen"[86]. Es ist daher verständlich, daß *Schmalenbach* schon in seiner ersten Untersuchung im Jahre 1899[87] Überlegungen angestellt hat, welche Kosten als Grundlage für die Preisanstellung dienen sollen, um eine wirtschaftlich richtige Auslastung der Kapazität zu erreichen, wobei er zu dem Ergebnis kam, daß es insgesamt drei Möglichkeiten gäbe; nämlich (aa) Preiserstellung zu *Vollkosten*, (bb) Preisdifferenzierung und (cc) generelle Preiserstellung zu *Grenzkosten*.

---

[84] Schmalenbach, E.: Grundlagen der Selbstkostenrechnung und Preispolitik, 2. Auflage, S. 56.

[85] Schmalenbach, E.: Grundlagen der Selbstkostenrechnung und Preispolitik, 2. Auflage, S. 57.

[86] Schmalenbach, E.: Grundlagen der Selbstkostenrechnung und Preispolitik, 2. Auflage, S. 57.

[87] Schmalenbach, E.: Buchführung und Kalkulation im Fabrikgeschäft.

III. Die Zwecke der Kostenrechnung

aa) Preiserstellung zu Vollkosten

Erstellt man den Preis nach Maßgabe der vollen Durchschnittskosten, so handelt es sich nach *Schmalenbach* um einen *„sekundären Kakulationspreis"* oder *„rohen Kalkulationspreis"*, der dann anzusetzen ist, wenn man „allen Kunden und Waren den gleichen Preis machen (will)"[88]. Damit sagt *Schmalenbach* im Jahre 1899 also, daß man die vollen Durchschnittskosten als Grundlage der Preispolitik ansetzen muß, wenn keine Möglichkeit einer Preisdifferenzierung besteht.

bb) Preisdifferenzierung (mit den primären Kosten als Untergrenze)

Wesentlich vorteilhafter als eine Preiserstellung auf Basis der vollen Durchschnittskosten erscheint *Schmalenbach* jedoch schon zu dieser Zeit eine Preisdifferenzierung. Ist nämlich eine individuelle Preiserstellung möglich, so kann man durch entsprechende Preispolitik den latenten Bedarf wecken, wobei jeder zusätzlich erhaltene Auftrag einen Gewinn bedeutet, solange er seine „primären" Kosten deckt und darüber einen kleinen Überschuß erbringt. Als Voraussetzung zu so einem Verhalten betrachtet *Schmalenbach* allerdings, daß die „sekundären Unkosten" schon durch die vorherigen Kunden gedeckt wurden[89]. Als *Preisuntergrenze* jedes Zusatzauftrages erkennt *Schmalenbach* somit die „primären Unkosten", wobei er aber betont, daß die Fixkosten (= „sekundäre Unkosten") schon durch die ursprüngliche Produktion gedeckt sein müssen. In konsequenter Weiterverfolgung dieses Gedankens kommt *Schmalenbach* schon im Jahre 1899 zu der Erkenntnis, daß es wohl „theoretisch richtig wäre, ... allen Kunden nur die primären Unkosten anzurechnen, die sekundären Unkosten aber durch den Rohgewinn zu decken"[90].

Zusammenfassend kann man feststellen, daß *Schmalenbach* — die Möglichkeit einer differenzierten Preiserstellung vorausgesetzt —, schon im Jahre 1899 es für zumindest „theoretisch" richtig hielt, jeden „Kunden" nur mit den von ihm verursachten „primären Unkosten" zu belasten und die „sekundären Unkosten" durch den Rohgewinn zu decken, denn dadurch wäre es möglich, den latenten Bedarf zu wecken und zu befriedigen, wobei sowohl dem Fabrikanten als auch dem Kunden ein Vorteil erwachsen würde[91].

---

[88] Schmalenbach, E.: Buchführung und Kalkulation im Fabrikgeschäft, S. 13.
[89] Vgl. Schmalenbach, E.: Buchführung und Kalkulation im Fabrikgeschäft, S. 11 und 17.
[90] Schmalenbach, E.: Buchführung und Kalkulation im Fabrikgeschäft, S. 9.
[91] Vgl. Schmalenbach, E.: Buchführung und Kalkulation im Fabrikgeschäft, S. 11.

cc) Einheitliche Preiserstellung zu Grenzkosten

Die Möglichkeit einer *einheitlichen* Preiserstellung zu Grenzkosten deutet *Schmalenbach* ebenfalls schon im Jahre 1899 an, jedoch nur, wenn sich der Betrieb in der Progressionszone befindet. Dies begründet er mit dem Begriff der Rente, denn er stellt fest, daß „Die Bodenrente theoretisch um den Betrag der Produktionsmehrkosten (steigt)"[92], wobei er es für durchaus möglich hält, daß „in der Industrie ähnliche Verhältnisse ebenfalls Platz greifen (können)"[92]. Somit ist *Schmalenbach* der Meinung, daß, wenn man einen zusätzlichen Auftrag bekommt und diesen nur mit Überstundenarbeit ausführen kann, man allen Aufträgen den höheren Überstundensatz verrechnen soll, denn „Wenn wir mit Überstunden arbeiten, sind die höheren Überstundenpreise primär, auch für solche Waren werden sie berechnet, welche am Tage gemacht werden"[93]. Sind nämlich gewisse Produktionsmittel nur beschränkt vorhanden, so muß man teurere heranziehen, „wodurch die früher billigen Produktionsmittel den Wert der teureren bekommen"[93].

Zusammenfassend ergibt sich die Festsetllung, daß *Schmalenbach* schon zu dieser Zeit die *einheitliche Preisstellung zu Grenzkosten* für theoretisch richtig hielt, wenn sich der Betrieb im Bereich der *Kostenprogression* befindet. Im Gegensatz zu seiner späteren Forderung nach genereller Verrechnung des „Proportionalen Satzes" sowohl bei Unter- als auch bei Überbeschäftigung, wandte er sich jedoch im Jahre 1899 noch entschieden gegen eine allgemeine Preiserstellung zu Grenzkosten, wenn diese geringer als die Durchschnittskosten sind, was sich aus folgender Forderung *Schmalenbachs* ergibt: „Zu den letztern (gemeint sind „sekundären" Kalkulationspreise = Vollkosten) dürfen wir *alle* Waren verkaufen, zu den primären Unkosten nicht alle, sondern nur einen Teil"[94].

Im Gegensatz jedoch zu dieser Auffassung, die er in seiner ersten Veröffentlichung vertreten hat, bezeichnet *Schmalenbach* im Jahre 1919 die *generelle* Preisanstellung zum *„Proportionalen Satz"* (= „primäre Unkosten" = durch den Kunden zusätzlich verursachte Kosten) sowohl in der „Progression" als auch in der „Degression" als allein richtig, denn er kam zu der Überzeugung, daß dies es ermögliche, eine optimale Beschäftigung zu erreichen.

aaa) Der „Proportionale Satz" in der Progressionszone

Als Beispiel einer richtigen Preiskalkulation in der Progression bringt *Schmalenbach* einen Steinbruch[95], der, bei normaler Tagesleistung von 200 Tonnen, die Tonne mit M 4,— Kosten bricht. Will man nun die Tages-

---

[92] Schmalenbach, E.: Buchführung und Kalkulation im Fabrikgeschäft, S. 10.
[93] Schmalenbach, E.: Buchführung und Kalkulation im Fabrikgeschäft, S. 10.
[94] Schmalenbach, E.: Buchführung und Kalkulation im Fabrikgeschäft, S. 13.

III. Die Zwecke der Kostenrechnung

produktion auf 250 Tonnen steigern, so werden die Kosten der zusätzlichen Leistung höher liegen als M 4,— pro Tonne, denn man muß ungünstiger gelegene Abbaustellen in Angriff nehmen, statt Gleistransport Fuhrwerkstransport einsetzen und andere Vorkehrungen treffen. Die zusätzliche Menge von 50 Tonnen wird z. B. je Tonne M 5,50 kosten. Bis jetzt hat der Betrieb die Tonne zu M 4,— verkauft. Welchen Preis soll er nun verlangen?

Daß die *zusätzlich erzeugte* Menge von 50 Tonnen nicht unter M 5,50 verkauft werden darf, ist klar, auch wenn die Durchschnittskosten der Gesamtproduktion betragen:

200 Tonnen	à	4,—	800,—	
50 Tonnen	à	5,50	275,—	
250 Tonnen			1 075,—	= 4,30/Tonne

Es würde jedoch durchaus Kostendeckung erzielt, wenn man die ursprünglichen 200 Tonnen weiterhin zu M 4,— pro Tonne verkaufen würde und die zusätzlichen 50 Tonnen zu den zusätzlichen Kosten von M 5,50. *Schmalenbach* fordert jedoch, daß in diesem Falle progressiver Kosten die gesamte Produktion zu den höheren „proportionalen" Kosten, also zum „Proportionalen Satz" der letzten Schicht verkauft werden müsse, indem er feststellt[95]: „Wenn der Beschäftigungsgrad so ist, daß wir in progressive Kosten hineinkommen, dann muß nicht nur der letzte Besteller, sondern genauso jeder alte Besteller durch entsprechende Preisstellung veranlaßt werden, unsere Steine nur zu gebrauchen, wenn für ihn ein Nutzwert von M 5,50 dabei herauskommt", wobei er diese Forderung mit folgendem Argument begründet[96]: „Was von unserer gesamten Kundschaft zuerst aus der Reihe der Besteller herausspringt, wird nicht durch die Zeitfolge der Kundschaft bestimmt, herausspringen soll nicht der letzte Besteller, sondern derjenige mit dem geringsten Nutzwert."

Daraus ergibt sich, daß alle Abnehmer den „Proportionalen Satz" bezahlen müssen und wenn sie dazu nicht in der Lage sind, so wird die Nachfrage geringer und der Betrieb kommt aus der Progression wieder heraus. Die Verrechnung des „Proportionalen Satzes" nach Maßgabe der höchsten Kosten für *alle* Kunden ist somit nichts anderes, als eine Anwendung des Gedankens vom *Grenznutzen*, der sich an den *Grenzkosten* (Schichtkosten) orientiert. Aber nicht nur bei der Verkaufskalkulation ist nach *Schmalenbach* der „proportionale Satz" als Kalkulationswert zu verwenden, sondern auch die innerbetrieblichen Verrechnungspreise (= „Betriebspreise") müssen sich nach dem „Proportionalen Satz" richten[97].

---
[95] Vgl. Schmalenbach, E.: Grundlagen der Selbstkostenrechnung und Preispolitik, 2. Auflage, S. 32.
[96] Schmalenbach, E.: Grundlagen der Selbstkostenrechnung und Preispolitik, 2. Auflage, S. 33.

bbb) Der „Proportionale Satz" in der Degressionszone

„Die Benutzung des proportionalen Satzes beschränkt sich nicht auf die Progression; für die Kostendegression gilt die gleiche Regel[98]." Die Berechtigung dieser Forderung versucht *Schmalenbach* an folgendem Beispiel zu demonstrieren[99]:

Die Kosten einer Brücke betragen bei einer Benutzung für den Transport von

100 000 Tonnen	M 2 500,— und bei
200 000 Tonnen	M 2 600,—
Diff. 100 000 Tonnen	M 100,—

womit der Proportionale Satz

$$\frac{100\,000}{100} = 1\ M\,/\,1\,000\ \text{Tonnen}$$

beträgt.

Die Durchschnittskosten betragen jedoch bei:

100 000 Tonnen	$\frac{2\,500\ M}{100\,000\ t}$ = 25,— M / t
150 000 Tonnen	$\frac{2\,550\ M}{150\,000\ t}$ = 17,— M / t
200 000 Tonnen	$\frac{2\,600\ M}{200\,000\ t}$ = 13,— M / t

Bis jetzt hatte der Betrieb, da er ca. mit 150 000 t beschäftigt war, M 17,—/t den Benützern verrechnet. Ein latenter minderwertiger Bedarf blieb bis jetzt unbefriedigt, da er auf keinen Fall die Kosten von M 17,—/t hätte tragen können. Beachtet man aber, daß die zusätzlichen, also die „proportionalen" Kosten nur M 1,—/t ausmachen, so wird man bereit sein, auch diesen latenten minderwertigen Bedarf zu befriedigen, wenn er M 1,—/t zuzgl. eines kleinen Nutzens tragen kann. Man wird also diesen unbefriedigten Bedarf zu einem befriedigten werden lassen[100].

---

[97] Vgl. Schmalenbach, E.: Grundlagen der Selbstkostenrechnung und Preispolitik, 2. Auflage, S. 33.

[98] Schmalenbach, E.: Grundlagen der Selbstkostenrechnung und Preispolitik, 2. Auflage, S. 33.

[99] Vgl. Schmalenbach, E.: Grundlagen der Selbstkostenrechnung und Preispolitik, 2. Auflage, S. 33 ff.

[100] Vgl. Schmalenbach, E.: Grundlagen der Selbstkostenrechnung und Preispolitik, 2. Auflage, S. 34.

III. Die Zwecke der Kostenrechnung

In der *Degressionszone* hat *Schmalenbach* im Jahre 1919 gleich wie im Jahre 1899 nur den zusätzlichen latenten Bedarf zu den „proportionalen" Kosten kalkuliert, während er den normalen Bedarf weiterhin zu den vollen Durchschnittskosten (= Preisdifferenzierung) abrechnet, obwohl er sagte, daß für die „Kostendegression" die gleichen Regeln (also Abrechnung der *gesamten* Leistung zu „proportionalen" Kosten) wie bei der „Progression" gelten. Erst 1930[101] realisierte *Schmalenbach* an einem Beispiel seine Forderung, bei geringeren Grenzkosten als Durchschnittskosten (er nennt dies „Degression"), die *gesamte* Produktion, und nicht die zusätzliche allein, zum „Proportionalen Satz" zu verrechnen.

Kritisch würdigend kann man feststellen, daß *Schmalenbachs* Darstellung einer strikten Preiserstellung zum „Proportionalen Satz" sowohl in der Progression als auch in der Degression sicherlich nur als ein *Modell*, als eine *Denkschulung* gedacht war. Auf keinen Fall sah *Schmalenbach* darin einen Mechanismus, wie es oft kritisch vermerkt wurde[102], der die Preispolitik vorwegnimmt, bzw. sie ersetzt. *Schmalenbach* kommt es im Gegenteil darauf an, mit aller Deutlichkeit zu zeigen, daß sowohl der Unternehmer durch eine entsprechende Preispolitik als auch der davon betroffene Verbraucher seinen Teil zum Ausgleich der Beschäftigung und damit auch zum „Ausgleich der Konjunktur" leisten könne, denn „Unter der Herrschaft der Proportionalkosten war es in der Hauptsache die Erzeugung, die den Ausgleich der Marktschwankungen herbeizuführen hatten; *Unter der Herrschaft der fixen Kosten muß die Verbraucherschaft am Ausgleich der Marktschwankungen weit stärker mitbeteiligt werden*[103]."

Schmalenbach fordert somit die Unternehmer, sowohl private als auch öffentliche, auf, durch „spekulatives Verhalten", das heißt durch Auftragserteilung (Lagerfüllung) in der Degression eine Steigerung der Beschäftigung und eine Erhöhung der niedrigeren Preise herbeizuführen und durch Zurückhalten von Aufträgen in der Progression ein Sinken der Nachfrage und des Preises zu bewirken. Der Unternehmer kommt dadurch in den Genuß günstigerer Preise und dem Produzenten wird es ermöglicht, seine Beschäftigung stabiler zu gestalten[104].

Schmalenbach betont jedoch, daß diese Preispolitik zu keiner Preisschleuderei führen würde, denn der Verkaufspreis nach oben richtet sich

---

[101] Vgl. Schmalenbach, E.: Grundlagen der Selbstkostenrechnung und Preispolitik, 5. Auflage, S. 54.
[102] Vgl. z. B. Heinen, E.: Betriebswirtschaftliche Kostenlehre, Band I, Grundlagen, S. 84 ff.
[103] Schmalenbach, E.: Grundlagen der Selbstkostenrechnung und Preispolitik, 5. Auflage, S. 99.
[104] Vgl. Schmalenbach, E., Grundlagen der Selbstkostenrechnung und Preispolitik, 5. Auflage, S. 103 ff.

nicht nach den Grenzkosten, sondern nach dem, was der Markt vergütet. Der Fabrikant wird also einen *dementsprechenden* Gewinnzuschlag machen. „Dieses Heranführen der Anbieter durch den Gewinnzuschlag führt dahin, daß es für das Preisniveau gleich ist, ob man mit Vollkosten oder mit Mengenkosten arbeitet" ... „Wer mit Vollkostenkalkulation arbeitet, schlägt einen Reingewinnprozentsatz zu" ... „Wer mit Mengenkosten arbeitet, schlägt nicht einen Reingewinnprozentsatz, sondern einen Bruttogewinnprozentsatz zu. Aber selbstverständlich ist der Bruttogewinnzuschlag höher als der Reingewinnzuschlag, er muß höher sein, weil dieser Zuschlag nicht nur den Gewinn, sondern auch noch die Zeitkosten decken muß[105]."

ccc) Der „Proportionale Satz" in der Proportionalitätszone

Da *Schmalenbach* einen *linearen Kostenverlauf* über *alle* Beschäftigungsgrade als einen „häufig vorkommenden Fall" bezeichnete[106] und er außerdem selbst im Falle eines Kostenverlaufes, der durch die Möglichkeit einer „Progression" gekennzeichnet ist, annahm, daß über einen weiten Bereich der normalen Beschäftigung die Kosten ebenfalls *linear* verlaufen, ist es selbstverständlich, daß er auch eine Kalkulationsform mit gleichbleibenden Grenzkosten entwickelte, welche er als *„Mengenkostenrechnung"* bezeichnete. „Das Wesen der Mengenkostenrechnung besteht darin, die Kosten ... in Mengen- und Zeitkosten zu teilen, derart, daß die Mengenkosten sich möglichst gut mit den Proportionalkosten decken, dann nur die Mengenkosten, nicht aber die Zeitkosten auf die Leistungseinheit zu verrechnen[107]."

Den wesentlichen Vorteil einer „Mengenkostenrechnung" gegenüber einer Vollkostenrechnung sieht *Schmalenbach* vor allem darin, „daß die Mengenkostenrechnung dem Betrieb eine besser angepaßte, die nicht genügend beschäftigten Teile der Fabrik besser ausfüllende Auftragszusammensetzung verschafft"[108]. *Schmalenbach* erläutert dies am Beispiel zweier Fabrikanten (A und B), die beide zwei *gleiche* Artikelarten unter gleichen Produktionsbedingungen herstellen. A kalkuliert jedoch mit *„Vollkosten"* und einem *„Reingewinnzuschlag"*, während B mit *„Mengenkosten"* und einem *„Bruttogewinnzuschlag"* arbeitet. A ist auf Grund seiner Kalkulation beim Artikel II billiger, in welchem zwar viele „Men-

---

[105] Schmalenbach, E.: Grundlagen der Selbstkostenrechnung und Preispolitik, 5. Auflage, S. 114 („Mengenkosten" = „Grenzkosten").

[106] Vgl. Schmalenbach, E.: Grundlagen der Selbstkostenrechnung und Preispolitik, 5. Auflage, S. 49, vgl. auch S. 27.

[107] Schmalenbach, E.: Grundlagen der Selbstkostenrechnung und Preispolitik, 5. Auflage, S. 113.

[108] Schmalenbach, E.: Grundlagen der Selbstkostenrechnung und Preispolitik, 5. Auflage, S. 114.

genkosten", aber sehr geringe „Zeitkosten" enthalten sind, während B beim Artikel I billiger ist, da er die hohen „Zeitkosten" dieses Artikels nicht einkalkuliert, wie es A bei seiner Vollkostenrechnung macht, sondern gar nicht in Ansatz bringt. A gewinnt den Markt mit Artikel II, B den Markt mit Artikel I, B wird wohlhabend, A jedoch nicht. „Denn, wenn A tüchtig Artikel II verkauft, vermehrt er die diesem Artikel eigentümlichen hohen Mengenkosten sehr stark. B dagegen, der den Schwerpunkt auf I legt, vermehrt die diesem Artikel eigentümlichen niedrigen Mengenkosten im ganzen viel weniger[109]." Daher wird „bei A ein starkes Steigen der Mengenkosten bei gleichbleibenden Zeitkosten wahrscheinlich sein, während bei B das Verhältnis viel günstiger ist"[109].

Schmalenbachs „Mengenkostenrechnung" aus dem Jahre 1930 zeigt sich somit, wie noch auszuführen sein wird, mit *Rummels* „Blockkostenrechnung" und allen auf dieser aufbauenden Rechnungsformen als weitgehend identisch.

2. Kontrolle der Betriebsgebarung

Nach Ansicht *Schmalenbachs* ist eine Betriebskontrolle durch die periodische Erfolgsrechnung nur mangelhaft und daher die Selbstkostenrechnung als zweites Kontrollinstrument sehr wohl am Platz, denn es werden durch diese erstens die *Kosten* ausgewiesen und zweitens werden diese Kosten nicht so wie der Aufwand auf Zeiteinheiten, sondern auf Leistungseinheiten aufgeteilt. Dadurch ergibt sich eine „wesentlich verbesserte Einsicht in die wechselnde Konstitution des Betriebes und (sie) deckt Mängel und Vorzüge auf, deren eine bloße Erfolgsrechnung nicht habhaft werden kann"[110]. Da *Schmalenbach* von der Vorstellung ausgeht, daß eine Selbstkostenrechnung nur *einem* Hauptzweck dienen könne, ist er überzeugt, daß „die Selbstkostenrechnung mit dem Ziel der Betriebskontrolle durch ihren Zweck in der Regel so individuell gefärbt (ist), daß schon ihre äußere Gestaltung den Zweck verrät"[110].

Als hervorstechendes Merkmal der Selbstkostenrechnung zum Zwecke der Kontrolle der Betriebsgebarung nennt *Schmalenbach* die starke *Detaillierung* der Kosten, wobei er betont, daß besonders jene Kosten herausgehoben werden müssen, die leicht einer *Vergeudung* ausgesetzt sind. Er führt insbesondere an: Zeitlöhne, Materialien, deren wirtschaftlicher Gebrauch gefährdet erscheint, usw. Um aber eine wirkungsvolle Betriebskontrolle durchführen zu können, ist es nach Ansicht *Schmalenbachs* erforderlich, die Einheiten, auf welche die Kosten verteilt werden, richtig

---

[109] Schmalenbach, E.: Grundlagen der Selbstkostenrechnung und Preispolitik, 5. Auflage, S. 115.
[110] Schmalenbach, E.: Grundlagen der Selbstkostenrechnung und Preispolitik, 2. Auflage, S. 53.

zu wählen, in welchem Zusammenhang er ausführt, „daß die proportionalen Kosten auf Produktionseinheiten, fixe Kosten auf Zeiteinheiten zu berechnen sind, damit richtige Maßstäbe gewonnen werden können"[111].

Schmalenbach empfiehlt also nicht nur für die Preispolitik eine Trennung der Gesamtkosten in ihre fixen und proportionalen Bestandteile (Zeitkosten und Mengenkosten), sondern auch für die Betriebskontrolle, da die fixen Kosten in keinem funktionalen Verhältnis zur Erzeugung stehen und die Mengenkosten, also die Kosten der Betriebsausführung, in keinem Verhältnis zur Zeit. Der Unterschied einer Kostenrechnung zum Zwecke der Betriebskontrolle zu einer Kostenrechnung zum Zwecke der Preiskalkulation ist nach *Schmalenbach* der, daß man zum Zwecke der Preiskalkulation *alle* Kosten erfassen und verrechnen muß, während man bei der Kostenrechnung zum Zwecke der Betriebskontrolle sich mit der Erfassung jener Kosten begnügen kann, deren Kontrolle eine Bedeutung hat, denn „es verschlägt nichts, wenn man einen Aufwand, dessen Erfassung kontrolltechnisch sich nicht lohnt, unberücksichtigt läßt"[112].

Auch in der *Fristigkeit* kann sich nach *Schmalenbach* ein Unterschied insofern ergeben, als für die Zwecke der Preiskalkulation in wesentlich größeren Abständen eine Selbstkostenrechnung nötig sein wird, als zum Zweck der Kontrolle der Betriebsgebarung, denn es ist notwendig, „die Indispositionen des Betriebes oder einzelner Betriebsteile nicht erst nach Jahr und Tag, sondern so bald wie möglich zu erkennen, damit beizeiten Abhilfe eintrete"[112].

IV. Würdigung der Lehre Schmalenbachs

Zusammenfassend kann man feststellen, daß *Schmalenbach* den „Betrieb" als etwas *Organisches* betrachtete, welcher wiederum Teil eines größeren Organismus, nämlich der *Volkswirtschaft* ist. Obwohl er feststellt, daß die Volkswirtschaftslehre und die Betriebswirtschaftslehre *verschiedene Untersuchungsobjekte* bearbeiten und der Geist, der den beiden Disziplinen innewohne, ein gänzlich verschiedenartiger sei, erkennt er den *Einfluß*, welchen der volkswirtschaftliche *Markt* auf die Betriebswirtschaften ausübt, wodurch es ihm selbstverständlich erscheint, in die *Kalkulation* zum Zwecke der Unternehmensführung nicht nur die Kosten im *objektiven* Sinne, sondern auch jene im *subjektiven* Sinne, d. h. den alternativ realisierbaren Gewinn, einzubeziehen.

---

[111] Schmalenbach, E.: Grundlagen der Selbstkostenrechnung und Preispolitik, 2. Auflage, S. 53.
[112] Schmalenbach, E.: Grundlagen der Selbstkostenrechnung und Preispolitik, 2. Auflage, S. 53.

IV. Würdigung der Lehre Schmalenbachs

Die Volkswirtschaftslehre hat sich um die Erforschung der Preisbildung bemüht und erkannt, daß sich der Preis in einer Konkurrenzwirtschaft aus den Grenzkosten zuzüglich des wirtschaftlichen Grenzertrags ergibt[113]. *Schmalenbach* hat nun diese Erkenntnisse von der betriebswirtschaftlichen Warte betrachtet und für diesen Zweck umgedeutet. Interessiert die *Volkswirtschaftslehre* naturgemäß der *Preis*, so interessiert die *Betriebswirtschaftslehre* der Nutzen, der sich als Differenz aus Preis und Kosten ergibt, da dieser das Interesse jedes einzelnen Unternehmens darstellt (sofern es nach erwerbswirtschaftlichen Grundsätzen geführt wird) und somit die entscheidende Grundlage jeder Unternehmensdisposition bildet.

Daß *Schmalenbach* in seine *Kostensystematik* („Kosten" = Aufwand ./. neutraler Aufwand + Zusatzkosten) nicht die alternativ erzielbaren Gewinne als „Alternativkosten" hereinnahm, hat wohl darin seine Begründung, daß er in seine *objektive Kostentheorie* nicht *subjektive Elemente* einfügen konnte. Sehr wohl hat er aber den *kalkulatorischen Wert* der Alternativkosten erkannt und immer wieder verlangt, den „Kalkulationswert" nicht nach den *objektiven Kosten*, sondern nach dem „Wert" anzusetzen, dessen Untergrenze durch die Grenzkosten und dessen *Obergrenze* durch die Summe aus Grenzkosten + Grenznutzen gebildet wird. Den sichtbaren Ausdruck dieses Wertes bildet der Preis, der entweder auf dem *Markt* für eine Leistung insgesamt erzielt wird, bzw. der im innerbetrieblichen Verkehr durch eine Aufspaltung des am Markt erzielbaren Gesamtpreises für die Gesamtleistung in Teilpreise für die einzelnen Teilleistungen zu ermitteln ist und den innerbetrieblichen Verrechnungspreis abgeben sollte. Diese „pretiale Betriebslenkung", nach welcher sich schon bei *Schmalenbach* die Zusammensetzung des Produktionsprogrammes bestimmen sollte, ist somit eine konsequente Übertragung des volkswirtschaftlichen Gesetzes von Angebot und Nachfrage (welches auf der *subjektiven Wertschätzung* einerseits und den *Grenzkosten* anderseits beruht) vom Ganzen auf das Teilganze, nämlich vom volkswirtschaftlichen auf den betriebswirtschaftlichen Bereich.

In der Volkswirtschaftslehre waren es drei Forscher, die unabhängig voneinander in derselben Zeitspanne die Lehre vom Grenznutzen entwickelten, nämlich *Jevon* (England 1871)[114], *Walras* (Frankreich 1874 - 1877)[115] und *Menger* (Österreich 1871)[116]. Diese „Grenznutzenlehre" stellte grundsätzlich eine Abkehr von *Ricardos* objektiver Arbeitswerttheorie

---

[113] Vgl. Kerschagl, Richard, S. 174.

[114] Jevon, Stanley: The Theorie of Political Economy, deutsch Jena 1924 „Die Theorie der politischen Ökonomie".

[115] Walras, Leon: Elements d'économie politique pure, ou théorie de la richesse sociale, Lausanne 1874 - 77.

[116] Menger, Carl: Grundsätze der Volkswirtschaftslehre, Wien - Leipzig 1871.

dar und vertrat eine subjektive Wertlehre, die darin besteht, daß man die Bedürfnisse (Verwendungsmöglichkeiten) und Güter in Teilquantitäten zerlegt und so den Wert eines jeden Gutes nach der Nutzenstiftung der letzten Teilmenge, die noch zur Befriedigung eines Bedürfnisses (Verwendung) herangezogen wurde, messen konnte. Der „Grenznutzen", wie er genannt wurde[117], ist also das Ergebnis der subjektiven Nutzenschätzung des Verbrauchers und der vorhandenen Menge des jeweiligen Gutes. „Nimmt die Quantität des Gutes daher ab, so steigt der Grenznutzen, d. i. der Wert; vermehrt sich die Menge des Gutes, sinkt der Grenznutzen, d. i. der Wert; so lange, bis er schließlich bei abundanten Gütern zufolge der unbegrenzten Menge auf Null sinkt, und nur noch Nützlichkeit, aber kein Wert mehr gegeben ist[118]."

In Weiterentwicklung dieser Gedanken kam man (vor allem in der angloamerikanischen volkswirtschaftlichen Literatur) zu dem Ergebnis, daß die Kosten als *entgangener Nutzen* definiert werden können[119], das heißt als „opportunity Costs" für das bewertete Opfer in Form des Verzichts auf die zweitbeste Verwendung. *Schmölders*[120] ist sogar der Ansicht, „daß *Marshall* bereits seit 1867 die wesentlichen Gedanken der Grenznutzenschule in seinen psychologischen Vorlesungen behandelt hat," indem er „die auf beiden Marktseiten bestehenden Bedingungen durch Nachfrage- und Angebotskurven darstellte, deren Schnittpunkt (später Marshallscher Punkt genannt) den Gleichgewichtspunkt und damit den Gleichgewichtspreis ergibt"[121]. Es ist somit klar, daß auch *Marshall* den Preis eines Gutes aus dem Grenznutzen hervorgehen läßt[122].

Noch früher jedoch als die sogenannte „Grenznutzenschule" hat *Gossen*[123] (Deutschland 1854) Grenznutzenüberlegungen angestellt, deren Ergebnis als die „Gossenschen Gesetze" bekannt sind.

Schmalenbach[124] selbst bezeichnet als vorangegangenen Vertreter seines „Kalkulationswertes", soweit es sich um *Grenzkosten* handelt, *Ricar-*

---

[117] Die Bezeichnung „Grenznutzen" stammt jedoch weder von Jevon, noch von Walras, Menger oder Gossen, sondern wurde später von Wieser geprägt. Vgl. Kerschagl, S. 74.
[118] Kerschagl, R., S. 76.
[119] Vgl. Kerschagl, R., S. 88.
[120] Schmölders, G., Geschichte der Volkswirtschaftslehre, in: Die Wirtschaftswissenschaften, Wiesbaden 1961, S. 94; Vgl. auch Kerschagl, R., S. 88.
[121] Schmölders, G., S. 95.
[122] Vgl. Kerschagl, R., S. 87.
[123] Gossen, H. H.: Entwicklung der Gesetze des menschlichen Verkehrs und der daraus fließenden Regeln für menschliches Handeln, Braunschweig 1854; 3. Auflage, Berlin 1927.
[124] Vgl. Schmalenbach, E.: Pretiale Wirtschaftslenkung, Band I, Die optimale Geltungszahl, Bremen - Horn 1947, S. 31.

IV. Würdigung der Lehre Schmalenbachs

do (1772 bis 1823), der zu dem Schluß kam, „daß der Preis durch die Grenzkosten, d. h. durch die Kosten desjenigen Produzenten, der trotz höherer Kosten noch zur Bedarfsdeckung herangezogen werden muß, gebildet werde". Nach Meinung *Schmalenbachs* hat *Ricardo* diesen Preismechanismus für gut befunden und er stellte fest, daß schon *Ricardo* „die Regel des optimalen Geltungswertes vorgeschwebt" sei.

Weiters zitiert *Schmalenbach*[125] *von Hermann,* der in seinen „Staatswissenschaftlichen Untersuchungen" *1832* folgende Feststellung trifft: „Der Punkt, unter und über welchem die Preise nicht lange stehen können, sind die Kosten des Teils der gesamten Größe der Produktion, die unter den wenigst ergiebigen Produktionsmitteln oder unter den ungünstigsten Mitteln hergestellt werden, deren Benutzung zur Deckung des Bedarfs noch notwendig ist." Als ältesten vorangegangenen Vertreter des „Kalkulationswertes" als *Nutzenwert* scheint *Schmalenbach*[126] das *1793* erschienene „Preußische Landrecht" zu betrachten, denn er führt aus, daß schon das im Jahre 1793 erschienene Preußische Landrecht, das sich ziemlich ausgiebig mit dem Begriff des Wertes befaßt, als wesentlichstes Merkmal des Wertes lediglich den Nutzen bezeichnet".

Schmalenbach hat nun aus der volkswirtschaftlichen Erkenntnis der Faktoren der Preisbildung, eine betriebswirtschaftliche zu gewinnen versucht, indem er, umgekehrt schließend, die Folgen des Preises und der Preisbildung auf die einzelnen Betriebswirtschaften untersuchte.

Die Ableitung der Gesetze der Preisbildung ist die „Erklärung eines Geschehens" und die Ermittlung der „optimalen Geltungszahl" (= Kalkulationswert) „die Aufstellung einer Sollregel"[127]. Für die Volkswirtschaftslehre ist es interessant, wie sich die *Preise* bilden (Angebot und Nachfrage); für die Betriebswirtschaftslehre jedoch muß man daraus in die umgekehrte Richtung schließen, und zwar wird man aus dem volkswirtschaftlichen *Preis* dessen *objektiven Bestimmungsgrund,* die *Kosten,* abziehen und so das *subjektive Element* des Preises, den *Nutzen,* erhalten. Dieser *Nutzen* ist es nun, der das *betriebswirtschaftliche Interesse* an der Produktion eines Artikels bestimmt und *Schmalenbach* erkannte, daß die Kenntnis dieses Nutzens von ganz entscheidender Bedeutung für die richtige Unternehmenssteuerung ist. Daraus ergibt sich, daß durch die Ermittlung des Nutzens als Differenz von objektiven betriebswirtschaftlichen Kosten und volkswirtschaftlichem Preis und durch die Aufspaltung des Gesamtnutzens auf die einzelnen Produktionsfaktoren (somit der Zurechnung), eine verbindende Brücke von der Volkswirtschaft zu

---

[125] Vgl. Schmalenbach, E.: Pretiale Wirtschaftslenkung, Band I, S. 31.
[126] Vgl. Schmalenbach, E.: Pretiale Wirtschaftslenkung, Band I, S. 54.
[127] Schmalenbach, E.: Pretiale Wirtschaftslenkung, Band II, Pretiale Lenkung des Betriebes, Bremen - Horn 1948, S. 23.

den Betriebswirtschaften und umgekehrt besteht, deren Nichtbeachtung zu einer „Krise der Betriebswirtschaftslehre"[128] führen mußte. Eine isolierte Betrachtung nur des Einzelbetriebes ohne Beachtung der Gegebenheiten des Marktes ist eventuell in Zeiten einer *gelenkten Wirtschaft* vertretbar, in welchen die Eigengesetzlichkeiten der Wirtschaft unterdrückt bzw. durch autoritäre Regelungen (vgl. LSÖ usw.) ersetzt werden.

Es ist das Verdienst *Schmalenbachs*, in die Betriebswirtschaftslehre nicht nur die *Grenzkostenbetrachtung*, sondern auch die *Grenznutzenbetrachtung* eingeführt zu haben, welche, obwohl sie durch die Dynamik der modernen Wirtschaft als eine absolute Notwendigkeit erscheint, jahrzehntelang verkannt und, wie noch auszuführen sein wird, erst in den letzten Jahren zum zweiten Mal Eingang in die Betriebswirtschaftslehre gefunden hat.

---

[128] Vgl. Bredt, O.: Die Krise der Betriebwirtschaftslehre, Düsseldorf 1956.

B. Die „Blockkostenrechnung" Rummels

I. Kostentheorie

1. Einleitung

Rummel untersucht in seinem Werk „Einheitliche Kostenrechnung auf der Grundlage einer vorausgesetzten Proportionalität der Kosten zu betrieblichen Größen"[1] (deren ersten zwei Auflagen 1934 und 1939 erschienen[2]), wie weit die Ergebnisse der Kostenträgerrechnung, d. h. der Umlage der Kosten auf die Kostenträger, zulässig sind[3]. Um diese Aufgabe lösen zu können, versucht er die Gesetzmäßigkeiten im Verlauf der Kosten zu erforschen. Er kommt bei seiner Untersuchung zum „Grundgedanken des proportionalen Ansatzes"[3], womit er nichts anderes sagen will, als daß alle Kosten(arten) proportional zu irgend einer Maßgröße sein müssen, mit der der Verbrauch meßbar ist; daß sie also eine Funktion des Verbrauches darstellen. Er spricht von der „unvermeidbaren Ordnung der Kosten nach Proportionalitäten"[3]. „Gäbe es keine Proportionalität zwischen Kosten und irgend welchen Größen, so hätte es keinen Zweck, Kosten zu errechnen, denn dann müßte blinder Zufall herrschen[4]."

Um eine exakte Ermittlung der Kostenverläufe vornehmen zu können, fordert *Rummel* sorgfältige Betriebsanalysen, die mittels eines geeigneten Maßsystems von Mengen, Zeiten und Werten durchzuführen seien[5]. *Rummel* spricht von einem Denken des Technikers, der er ja selbst auch ist, in „Mengen, Zeiten und Wirkungsgraden", das, ergänzt durch das wertmäßige Denken des Kaufmannes „zum Bau des gemeinsamen Hauses" dient[6]. Obwohl *Rummel* in seiner Untersuchung[7] einmal ausführt, daß „die Wirklichkeit ... durch allerhand Zufälle leicht gekrümmte, mitunter auch stark gekrümmte Kurven" ergeben kann, steht er grundsätz-

---

[1] Rummel, K., Düsseldorf 1949.
[2] Rummel, K.: Grundlagen der Selbstkostenrechnung, 1. Auflage, Düsseldorf 1934 bzw. Einheitliche Kostenrechnung auf der Grundlage der Proportionalität der Kosten, 2. Auflage, Düsseldorf 1939.
[3] Rummel, K.: Einheitliche Kostenrechnung..., 1949, S. VII.
[4] Rummel, K.: Einheitliche Kostenrechnung..., 1949, S. 17.
[5] Vgl. Rummel, K.: Einheitliche Kostenrechnung..., 1949, S. XI u. 118.
[6] Vgl. Rummel, K.: Einheitliche Kostenrechnung..., 1949, S. XI.
[7] Rummel, K.: Einheitliche Kostenrechnung..., 1949, S. 25.

lich auf dem Standpunkt, daß man sich „mit der Annahme von Proportionalitäten, mit der Annahme, daß die Kosten dem Gesetz der geraden Linie folgen, abfinden" muß, denn „sonst gibt es überhaupt keine Kostenrechnung"[8]. „Eine Kalkulation ist überhaupt nur möglich, wenn es gelingt, die Abhängigkeit zwischen den Kosten und den auf sie wirkenden Einflüssen durch lineare Gesetze darzustellen[9]." Da *Rummel* aber davon überzeugt ist, „daß sich aus, zu irgend welchen Größen proportionalen und irgendwelchen Größen festen Kosten unser gesamtes Rechnungswesen herleiten läßt, und zwar nicht nur das Kostenwesen in Geldeinheiten, *sondern auch das ihm zugrundeliegende Mengen- und Zeitgerüst*"[10], kann man wohl annehmen, daß er den Kostenverlauf als in der Regel *linear* annahm.

2. Kostenarten

Grundsätzlich betrachtet *Rummel* alle Kosten als lineare Funktion eines, mit irgendwelchen Maßgrößen gemessenen Verbrauches, denn „Kosten sind bewerteter Verzehr"[11]. „Die Kosten werden gruppiert nach Maßgrößen, denen die Kosten mit größter Annäherung proportional sein müssen"[12], damit man sie richtig „schlüsseln" kann, denn das „Schlüsseln" ist eine Anwendung des Proportionalitätsgesetzes[13]. *Rummel* findet zwei Maßgrößen, denen die Kosten proportional sein können. Nämlich die *erzeugte Menge* einerseits und die *Zeit der Betriebsbereitschaft* andererseits. So ergeben sich bei ihm die Kategorien der *„mengenproportionalen"* und der *„zeitproportionalen"* Kosten, wie er die *proportionalen* und *fixen* Kosten in Anlehnung an *Schmalenbach*[14] nennt.

a) Zeitproportionale Kosten

Die „zeitproportionalen Kosten" sind nach *Rummel* Kosten, „die durch die Bereitschaft zur Gütererzeugung ... entstehen, ohne daß man überhaupt noch mit der Gütererzeugung angefangen hat, ... sie sind somit unabhängig von der Höhe der Gütererzeugung"[15] und somit „nur fest in bezug auf die Erzeugnismenge dieser Zeit, d. h. unabhängig von der Höhe der Erzeugung"[16], denn „Die festen und fixen Kosten sind konstante Beträge *des betrachteten Rechnungsabschnittes*, gleichviel wie hoch der Be-

---

[8] Rummel, K.: Einheitliche Kostenrechnung..., 1949, S. 12.
[9] Rummel, K.: Einheitliche Kostenrechnung..., 1949, S. 18.
[10] Rummel, K.: Einheitliche Kostenrechnung..., 1949, S. 17.
[11] Rummel, K.: Einheitliche Kostenrechnung..., 1949, S. 7.
[12] Rummel, K.: Einheitliche Kostenrechnung..., 1949, S. 183.
[13] Rummel, K.: Einheitliche Kostenrechnung..., 1949, S. 36.
[14] Vgl. Seite 48 f. (Mengenkostenrechnung: Zeitkosten, Mengenkosten).
[15] Rummel, K.: Einheitliche Kostenrechnung..., 1949, S. 28.
[16] Rummel, K.: Einheitliche Kostenrechnung..., 1949, S. IX.

schäftigungsgrad ist, sie sind konstant in bezug auf die Gütermenge, die Arbeiter- oder Betriebs- oder Maschinenstunden dieses Zeitabschnittes, sie sind aber ihrerseits proportional zu Zeiten"[17].

Da diese Kosten also nur für gewisse *Zeiten* und nicht absolut fix sind, erscheint es *Rummel* als angebracht, *sie nach jenen Fristen zu ordnen*, für die sie „fest" sind: „Man könnte trennen nach kurzfristigen Bereitschaftskosten, die innerhalb eines Rechnungsabschnittes, z. B. eines Monats wandelbar sind, mittelfristigen, die etwa innerhalb einer Anzahl aneinandergereihter Rechnungsabschnitte nicht geändert werden können und langfristigen, die auf Jahre hinaus Kosten verursachen. Das ist zugleich eine Einteilung der festen Kosten nach leichter, mittlerer und schwerer Beeinflußbarkeit, nach ihrer ‚Festigkeit'[18]." Baut man also z. B. die Leistungsbereitschaft zur Gänze ab, so verbleiben noch für längere Zeit die schwer zu beeinflussenden Kosten, die *Rummel* „Stillstandskosten" nennt[19].

b) *Mengenproportionale Kosten*

Jene Kosten, die im allgemeinen als „proportional" bezeichnet werden, nennt *Rummel* „mengenproportional", da sie eine lineare Funktion der erzeugten *Menge*, jedoch in bezug auf das einzelne Stück fix sind.

Progressive und degressive variable Kosten gibt es bei *Rummel* zumindest in seiner Einheitskalkulation nicht, da in dieser angenommen wird, daß solche Kosten nur außerhalb der über die ganze Normalkapazität reichenden Proportionalitätszone (z. B. beim Anlaufen der Produktion oder an der Grenze der normalen Auslastung = Überbeschäftigung) entstehen können. Dieser proportionale Ansatz der Kosten ist nach Meinung *Rummels* im Kostenrechnungswesen der Praxis Allgemeingut, denn er weist darauf hin, daß von den Gesetzmäßigkeiten der linearen Funktionen die Praxis des Kostenwesens ständig Gebrauch macht[20].

c) *Zusammenfassung*

Rummel teilt die Gesamtkosten also in zwei Gruppen, und zwar in „kalenderzeitproportionale" und „mengenproportionale", wobei er als mathematische Ausdrucksweise seiner Kostentheorie die „Gleichung der geraden Linie": $Y = a + bx$ formuliert, wobei Y das Symbol für die Gesamtkosten, die additive Konstante a das Symbol für die zeitproportionalen, die Proportionalitätskonstante b das Symbol für die Einheitsko-

---

[17] Rummel, K.: Einheitliche Kostenrechnung..., 1949, S. XII.
[18] Rummel, K.: Einheitliche Kostenrechnung..., 1949, S. 128.
[19] Vgl. Rummel, K.: Einheitliche Kostenrechnung..., 1949, S. 131.
[20] Vgl. Rummel, K.: Einheitliche Kostenrechnung..., 1949, S. 19.

sten (Kosten pro Einheit) und x das Symbol für die Maßeinheiten darstellen.

Als graphische Darstellung seiner Theorie der mengenproportionalen Kosten ergibt sich somit folgendes Diagramm:

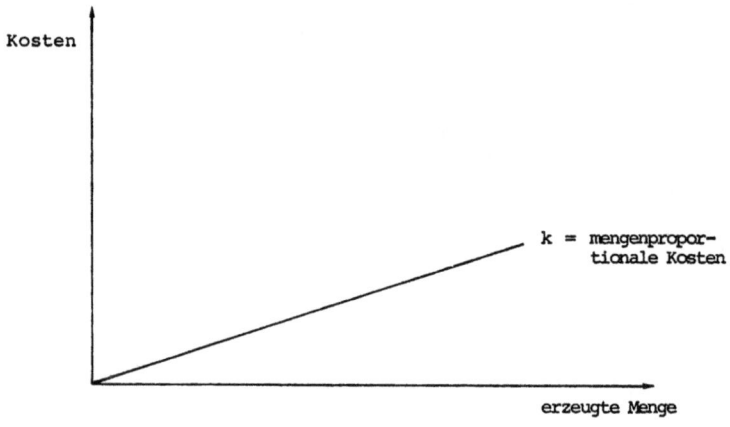

welches durch Addition der zeitproportionalen Kosten folgenden Gesamtkostenverlauf ergibt:

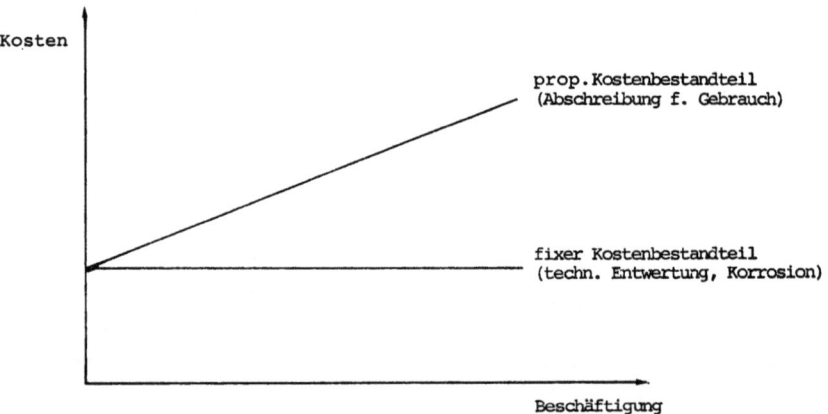

Rummel stellt jedoch fest, daß seiner „Gleichung der geraden Linie" allgemeine Gültigkeit nur dann zukommt, wenn sie in Symbolen ausgedrückt wird, denn, die Proportionalitätskonstante b kann selbstverständlich mit den Bedingungen wechseln, unter denen der Wechsel des Beschäftigungsgrades vor sich geht"[21], und weiters ist es ganz selbstverständlich, „daß die Höhe des festen Anteils der Kosten einer bestimmten Kostenart eines bestimmten Unternehmens von äußeren, nicht unveränderlichen Einflußgrößen abhängig ist"[21].

Es können sich also die konkreten Werte, die in die Formel einzusetzen sind, sehr wohl ändern, jedoch hat dies keinen Einfluß auf die *allgemeine Gültigkeit* der „Gleichung der geraden Linie". Steigen z. B. die Maßeinheiten infolge Überstundenarbeit, so ist die Formel genauso gültig wie bei normaler Beschäftigung, nur daß in die Proportionalitätskonstante a, statt des normalen Maßeinheitskostenwertes der höhere einzusetzen ist. Die Eigenschaft der einzelnen Kostenarten, sich durch Einflußfaktoren zu verändern, mißt *Rummel* mittels des „Festigkeitsgrades", worunter er das Maß der Abhängigkeit der einzelnen Kostenarten von den verschiedenen Einflußgrößen versteht.

Zusammenfassend kann gesagt werden, daß *Rummel* die Kosten eines Betriebes als Funktion eines *Verbrauches* sieht, der im Falle der variablen Kosten innerhalb der normalen Kapazität *proportional* zur Erzeugung ist, denn solange die Produktion innerhalb der Kapazitätsgrenzen stattfindet, muß sich der *Gesamtverbrauch* aus der Addition der je Leistungseinheit stets in gleicher Höhe anfallenden Einzelverbräuche ergeben. Um die Gültigkeit dieser Aussage durch empirisch erworbene Kenntnisse belegen zu können, zitiert *Rummel Klingenberg,* der die Verbrauchsfunktion eines kalorischen Kraftwerkes als der Leistung proportional nachweist[22]. Ändert sich die *Bewertungskonstante,* so würde sich dies auf die Höhe der Kosten natürlich auswirken, jedoch die Tatsache, daß die Kosten eine *lineare* Funktion des Verbrauches sind, würde davon nicht berührt. Somit sind die variablen Kosten der mit einer Konstanten bewertete, erzeugungsmengenproportionale Verzehr, was *Rummel* mit der Formel: $K = k.M$ ausdrückt[23]. *Rummel* ist sich jedoch bewußt, daß diese „Proportionalität der Kosten zu betrieblichen Größen" keine mathematisch genaue, sondern nur eine „vorausgesetzte"[24] ist, da man eine Kalkulation überhaupt nur dann durchführen kann, „wenn es gelingt, die Abhängigkeit zwischen den Kosten und den auf sie wirkenden Einflußgrößen durch lineare Gesetze darzustellen"[25]. Um jedoch die richtigen Verbrauchsmengen bzw. Bewertungskonstanten je Kostenart zu finden, ist nach *Rummel* eine genaue Untersuchung der Kosteneinflußgrößen erforderlich, wobei er zu dem Ergebnis kommt, daß es „die verschiedensten Mengen, Zeiten und Werte, gemessen in Mengeneinheiten, Zeiteinheiten

---

[21] Rummel, K.: Einheitliche Kostenrechnung..., 1949, S. XII.
[22] Vgl. Klingenberg, G.: Bau großer Elektrizitätswerke, 2. Auflage, Berlin 1924.
[23] Vgl. Rummel, K.: Einheitliche Kostenrechnung..., 1949, S. 7.
[24] Vgl. den Titel der 3. Auflage der Einheitlichen Kostenrechnung..., 1949.
[25] Rummel, K.: Einheitliche Kostenrechnung..., 1949, S. 18.

und Werteinheiten"[26] gibt. Da jedoch nicht alle Einflußgrößen im selben Maße die Entwicklung der Kosten beeinflussen, ist es nötig, eine Gewichtung der Einflußgrößen in starke, nebensächliche und unwichtige vorzunehmen[27].

3. Kosteneinflußgrößen

Da nach *Rummel* die Kosten „eine Funktion von den auf sie wirkenden Einflüssen"[28] sind, erscheint es ihm vor allem notwendig, diese Kosteneinflußgrößen zu erforschen, wobei er folgende unterscheidet[29]:

a) Der Verbrauch
b) Die Bewertung des Verbrauchs
c) Der zeitliche Beschäftigungsgrad
d) Der Intensitäts- oder Lastgrad
e) Die Auftragsstückelung (Losgröße)
f) Die Anordnung der Betriebspausen

a) Der Verbrauch und b) die Bewertung des Verbrauches

Daß der Verbrauch und dessen Bewertung einen großen Einfluß auf die Kostenhöhe haben, ist selbstverständlich, da die Kosten ja „bewerteter Verzehr" sind. *Rummel* würde daher besser sagen, daß der Verbrauch und die Bewertung des Verbrauches die *Ursachen* des Entstehens der Kosten sind, auf welche, unter Berücksichtigung des zur Formel $Y = a + b \cdot x$ Gesagten, die Einflußgrößen c, d, e und f wirksam sind.

c) Der zeitliche Beschäftigungsgrad

Der zeitliche Beschäftigungsgrad zeigt an, in welchem zeitlichen Verhältnis die Anlagen genutzt werden. Er übt daher — bei Konstanz der übrigen Einflußgrößen — einen *linearen* Einfluß auf die Erzeugungsmengen und somit auf den Anfall der mengenproportionalen Kosten aus. Auch die kalenderzeitproportionalen Kosten verändern sich mit dem zeitlichen Beschäftigungsgrad, denn man wird zumindest einen Teil der „kurzfristigen" und „mittelfristigen" Bereitschaftskosten der zeitmäßigen Kapazitätsausnutzung anpassen können[30].

---

[26] Rummel, K.: Einheitliche Kostenrechnung ..., 1949, S. 2.
[27] Vgl. Rummel, K.: Einheitliche Kostenrechnung ..., 1949, S. 1.
[28] Rummel, K.: Einheitliche Kostenrechnung ..., 1949, S. 17.
[29] Vgl. Rummel, K.: Einheitliche Kostenrechnung ..., 1949, S. 102.
[30] Gutenberg nannte später diese „Regelung" des Beschäftigungsgrades „zeitliche Anpassung" (vgl. Gutenberg, E.: Grundlagen der Betriebswirtschaftslehre, Erster Band, Die Produktion, 6. Auflage, Berlin - Göttingen - Heidelberg

I. Kostentheorie

d) Der Intensitäts- oder Lastgrad

Der Intensitäts- oder Lastgrad zeigt an, mit welcher Intensität die Anlagen während der Betriebszeit genutzt werden[31]. Innerhalb der normalen Belastung nimmt *Rummel* eine *lineare* Funktion zwischen Anfall an Mengenkosten und dem Intensitätsgrad an, was aus folgender Feststellung hervorgeht: „Die Geradlinigkeit des Verbrauches gilt annähernd, aber mit voll genügender Genauigkeit, von kleinen Belastungen bis etwa zur Normal-(= Vollast)"[32]. Nur wenn die Anlagen über die Normalbelastung hinaus beansprucht und infolge besonders hoher Belastung Reserveanlagen mit weniger wirtschaftlichem Verbrauch herangezogen werden, ergibt sich nach *Rummel* von der Grenze der Normalbelastung an ein progressiver Anstieg der Verbrauchs- bzw. Kostenkurve, wodurch sich folgendes Kostendiagramm ergibt[33]:

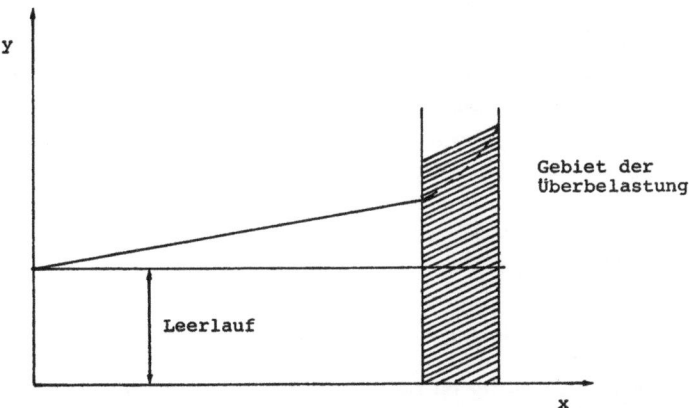

Auf Grund der zwei verschiedenen Begriffe des *„zeitlichen Beschäftigungsgrades"* und des *„Intensitätsgrades"* hat ein Betrieb nach *Rummel* also zwei Möglichkeiten, sich an eine geänderte Absatzlage anzupassen.

1961, S. 262 ff. [1. Auflage: 1951]), wobei jedoch zu beachten ist, daß Rummel unter seiner „zeitlichen Regelung" wohl auch jene Anpassungsform verstand, die Gutenberg mit „quantitativer Anpassung" (vgl. Gutenberg, E.: Die Produktion, 1961, S. 267 ff.) bezeichnete: „Quantitative Anpassung liegt dann vor, wenn der Betrieb einen Teil seines Produktionsapparates stillegt, ihn entweder in Reserve hält oder endgültig veräußert. Ein Betrieb paßt sich dagegen zeitlich an, wenn er die Nutzungsdauer seiner Anlagen variiert, also z. B. zur Kurzarbeit übergeht" (Gutenberg, E.: Offene Fragen der Produktions- und Kostentheorie, in ZfhF 1956, S. 435).

[31] Auch Gutenberg versteht unter „intensitätsmäßiger" Anpassung „Die Veränderung des Auslastungsgrades bei unveränderter Nutzungszeit", wobei er aber einen S-förmigen Kostenverlauf als typisch annimmt. Vgl. Gutenberg, E.: Offene Fragen der Produktions- und Kostentheorie, S. 435 und Die Produktion, S. 243 ff.).

[32] Rummel, K.: Einheitliche Kostenrechnung..., 1949, S. 22.

[33] Vgl. Rummel, K.: Einheitliche Kostenrechnung..., 1949, S. 21 ff.

Entweder paßt er sich *zeitlich* an oder er paßt sich *intensitätsmäßig* an, wobei *Rummel* die kostenmäßigen Konsequenzen bei sinkendem Absatz wie folgt sieht[34]: „Regelt man nicht, wie man sollte, mit ganzen Einheiten, indem man den Zeitgrad ändert, sondern indem man alle Einheiten (Kraftmaschinen, Arbeitsmaschinen, Kochapparate, Heizkessel) in ihrem Lastgrad ändert, so liegen die a-Werte (gemeint sind die fixen Kosten; Anm. d. Verf.) erheblich höher."

Das heißt also, daß man nach Möglichkeit entbehrliche Kapazität bzw. Leistungsbereitschaft abbauen und dafür die in Leistungsbereitschaft verbleibenden Anlagen bis vor Beginn der Überbelastung beanspruchen soll. Damit ergibt sich nach *Rummel* eine wesentliche Kostenersparnis, da die mengenproportionalen Kosten bei gleicher Gesamtausbringung gleich bleiben und die kalenderzeitproportionalen Kosten verringert werden können[35].

Diese *Anpassungsprozesse Rummels* ließen sich durch graphische Darstellung in exaktere Form bringen, indem man die eigentlichen Bereitschaftskosten nicht in *einem* Betrag auf die Ordinate aufträgt, sondern in der Weise, wie die „*Regelung*" der Beschäftigung erfolgen sollte, nämlich *stufenförmig*. Lassen sich aber die Bereitschaftskosten stufenförmig *abbauen*, so müssen sie sich auch stufenförmig *aufbauen* lassen, wodurch sich jenes Kostendiagramm zwangsläufig ergeben müßte, zu dem Jahre später *Walther* gelangte[36].

e) Die Auftragsstückelung (Losgröße)

Die Auftragsstückelung ist nach *Rummel* insofern eine Kosteneinflußgröße, als jeder einzelne Auftrag Rüstzeit, Anlaufzeit und Einübungszeit erfordert, was ja mit Kosten verbunden ist, die bei einer zu geringen Losgröße sich vielleicht gar nicht bezahlt machen, denn bei kleinen Losgrößen sind die zeitabhängigen Kosten der Rüstzeit, Anlaufzeit und Einübungszeit relativ größer als bei großen Serien. Im Falle kleiner Los-

---

[34] Rummel, K.: Einheitliche Kostenrechnung..., 1949, S. 84.

[35] Zur gleichen Ansicht kam in jüngerer Zeit auch Gutenberg indem er ausführt: „Befragungen auf breiter Ebene haben zu dem Ergebnis geführt, daß beim Betrieb eine Walzenstraße, deren Laufzeit 24 Stunden beträgt, niemals die günstigste Arbeitsgeschwindigkeit der Anlage verlassen wird, gleichgültig, ob der Betrieb über- oder unterbeschäftigt ist." (Gutenberg, E.: offene Fragen der Produktions- und Kostentheorie, S. 441.)

[36] Vgl. Walther, A.: Einführung in die Wirtschaftslehre der Unternehmung, Band I, Der Betrieb, Zürich 1955 (unveränderter Nachdruck der ersten Auflage, aus dem Jahre 1947) S. 249, vgl. auch S. 225: „Die Gesamtkosten der Beschäftigung setzen sich aus den vom Beschäftigungsgrad unabhängigen, also festen Kapazitätskosten, aus den in bezug auf den Beschäftigungsgrad ebenfalls festen, aber von der Bereitschaftsstufe abhängigen Bereitschaftskosten und aus den vom Beschäftigungsgrad abhängigen und deshalb veränderlichen, eigentlichen Beschäftigungskosten zusammen."

größen kann nach Meinung *Rummels* ganz nahe der Y-Achse ein degressiver Verlauf der variablen Kosten infolge der Einarbeitung auf normale Geschwindigkeit auftreten[37]:

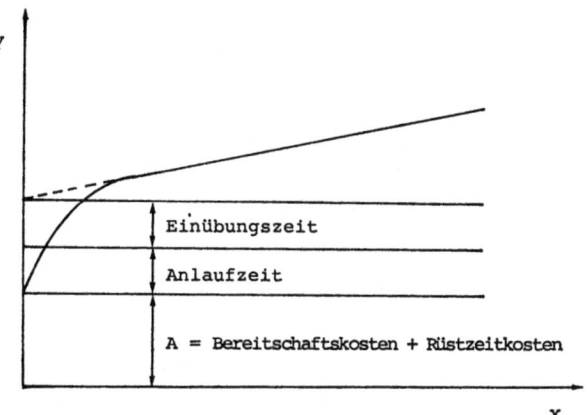

Bei großen Serien verschwindet der Einfluß der Anlauf- und Einübungszeiten nahezu gänzlich, „Der Verbrauch an ‚festen' Stunden wird verhältnismäßig immer kleiner, so daß praktisch die Kurve Y = b.x für den ganzen Bereich gültig ist"[38], wodurch sich dann wiederum folgendes Diagramm ergibt:

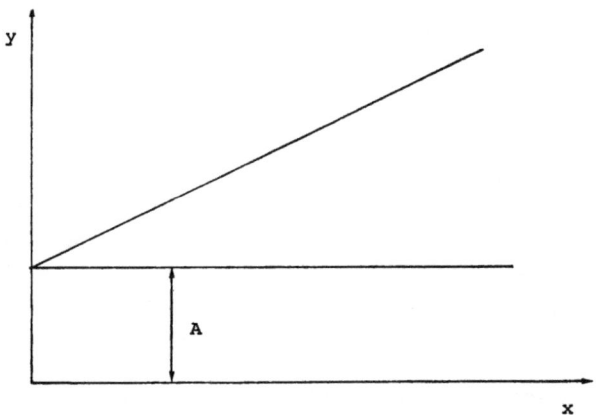

---

[37] Vgl. Rummel, K.: Einheitliche Kostenrechnung..., 1949, S. 24 ff.
[38] Rummel, K.: Einheitliche Kostenrechnung..., 1949, S. 24.

f) Die Anordnung der Betriebspausen

Die Anordnung der Betriebspausen hat sicherlich einen Einfluß auf den Kostenverlauf, doch wird sie wohl nur in dem von *Rummel* angeführten Beispiel eines metallverarbeitenden Warmbetriebes und ähnlichen von größerer Bedeutung sein. *Rummel* ist der Ansicht, daß die „kostenmäßig günstigste Betriebsweise immer in einer möglichst starken Konzentrierung der Pausen und ferner in einem möglichst hochgetriebenen Lastgrad während der Fertigungszeit" besteht[39]. Er sagt jedoch auch, daß man „In den meisten Fällen ... auf eine laufende Herausschälung des Einflusses der Anordnung der Betriebspausen verzichten und sich solche Rechnungen von Fall zu Fall vorbehalten kann"[39].

g) Zusammenfassung

Abschließend kann gesagt werden, daß *Rummel* aus seiner großen Praxisnähe neue Wege gewiesen hat, denn seine *Systematik der Kosteneinflußgrößen*, die genaue Unterscheidung zwischen „intensitätsmäßiger" und „zeitlicher" Anpassung („Regelung") und nicht zuletzt sein „Gesetz der geraden Linie" haben neue Erkenntnisse vermittelt und Grundlagen geschaffen, auf denen später *Walther* und *Gutenberg* ihre Kostentheorien aufbauen konnten. Man kann daher wohl mit Recht *Rummel* als den Begründer der modernen *Kostentheorie der Anpassungsformen* bezeichnen.

II. Blockkostenrechnung

1. Die Einheitskalkulation als theoretische Grundlage der Blockkostenrechnung

Rummel baut seine „Blockkostenrechnung" auf der Grundlage seiner „Einheitskalkulation" auf, die wiederum die praktische Anwendung seiner allgemeinen Kostentheorie der „geraden Linie" darstellt. In seiner „Einheitskalkulation" fordert er, daß nach Möglichkeit alle Gemeinkostenarten einzeln nach den ihnen zugrundeliegenden *proportionalen* Bezugsgrößen auf die Kostenträger „geschlüsselt" werden und nicht ein ganzes Konglomerat von Kostenarten nach einem *einzigen* Schlüssel auf die Kostenträger verteilt wird. Das bedeutet also nichts anderes, als daß soviel Kostenarten wie möglich *als Einzelkosten erfaßt* und verrechnet werden sollen, da dann die Gewähr gegeben ist, daß die Kosten wirklich „proportional" ihrer Verursachung den Kostenträgern belastet werden. Die noch verbleibenden variablen Gemeinkosten verteilt man dann mit möglichst der Verursachung gerecht werdenden Schlüsseln.

---

[39] Rummel, K.: Einheitliche Kostenrechnung..., 1949, S. 103.

II. Blockkostenrechnung

Um nun die geeignetsten Maßgrößen zu finden, empfiehlt *Rummel*, die jeweilig zu untersuchende Kostenart zu verschiedenen Größen in Beziehung zu setzen, bis man jene gefunden hat, die sich zur untersuchten Kostenart proportional verhält. „Man wird zu diesem Zweck die Kosten verschiedener Monate oder die Ergebnisse der Einzeluntersuchungen im Betrieb selbst einmal nach der Tonnenzahl als Abszisse, das andere Mal nach der Walzzeit als Abszisse auftragen und dann beurteilen, welcher Ansatz den wirklichen Verhältnissen am nächsten kommt, d. h. bei welcher dieser Auftragungen die Punkte am wenigsten um eine gerade Linie herumstreuen[40]."

Dieser Vorschlag *Rummels* beinhaltet jedoch keine neue Erkenntnis, denn vor ihm hat es nicht an gleichen oder ähnlichen Forderungen gefehlt. Schon *Schmalenbach* hat 1909 festgestellt, daß man als Maßgröße für die Aufschlüsselung der Gemeinkostenarten die „relativ beste" Maßgröße finden müsse. Die Kosten, für die sich keine geeigneten Maßgrößen zur Verteilung finden lassen, deren Verteilung also „an dem Mangel einer Repartitionsgrundlage naturgemäß scheitern muß, sollen durch einen Gewinnzuschlag berücksichtigt werden"[41]

1914 hat *Schär* darauf hingewiesen, daß es unbedingt erforderlich sei, von den Gesamtkosten so viel wie möglich als Einzelkosten zu verrechnen, damit die verbleibenden Gemeinkosten so gering wie möglich sind[42].

Auch *Leitner* wendet sich gegen die allgemein üblichen einheitlichen Zuschlagssätze auf den Lohn von 400 % und mehr und empfiehlt eine Differenzierung nach verschiedenen Bezugsgrößen (z. B. nicht nur Lohn, sondern auch Materialverbrauch, Arbeitszeit, Betriebskapital usw.)[43], denn die Kosten sollen „proportional der Beanspruchung durch den Betrieb verteilt" werden[44]. *Leitner* nennt dies das „elektive Verfahren" zum Unterschied vom „kumulativen Verfahren"[45].

1931 stellt *Henzel* fest, daß *eine*, für die Gesamtkosten repräsentative Schlüsselgröße nicht zur Verfügung steht. Er schlägt daher eine Differenzierung der Schlüssel nach Kostenarten vor, wobei „für die richtige Schlüsselwahl die Art und Anzahl der verschiedenen Proportionalitätsgrößen unter Zugrundelegung des Prinzips der Kostenzerlegung, bestimmend ist"[46]. *Henzel* erkennt somit ebenfalls schon, daß eine genü-

---

[40] Rummel, K.: Einheitliche Kostenrechnung..., 1949, S. 118.
[41] Schmalenbach, E.: Über den Zuschlag von Generalunkosten und Gewinn in der Fabrikkalkulation, in: ZfhF 1909/1910, S. 354 ff.
[42] Vgl. Schär, J. F.: Buchhaltung und Bilanz, 2. Auflage, Berlin 1914, S. 275.
[43] Vgl. Leitner, F.: Selbstkostenrechnung industrieller Betriebe, 2. Aufl., Frankfurt/M. 1906.
[44] Leitner, F., S. 98.
[45] Vgl. Leitner, F., S. 66.
[46] Henzel, F.: Erfassung und Verrechnung der Gemeinkosten, Berlin - Wien 1931, S. 270.

gende Genauigkeit bei der Kostenschlüsselung nur dann erreicht wird, „wenn eine Kostensumme in ihre Kostenarten zerlegt und jede dieser Kostenarten nach einem ihr proportionalen Schlüssel verteilt wird"[47]. Um aber, der Verursachung der einzelnen Kosten proportionale, Schlüssel zu finden, fordert schon *Henzel* eine genaue Ermittlung der Kosteneinflußgrößen[48].

Auch die „Allgemeinen Grundsätze der Kostenrechnung" (= Kostenrechnungsgrundsätze) vom 16. 1. 1939 (herausgegeben vom RKW) forderten eine möglichst weitgehende direkte Zurechnung der Kosten auf die Kostenträger bzw. Stellen und die Verwendung differenzierter Schlüssel zur Verteilung der verbleibenden Gemeinkosten. Die Verwendung eines einzigen Schlüssels zur Verteilung derselben wurde abgelehnt[49].

2. Die Grenzen der Einheitskalkulation

Rummel stellt in seiner Einheitskalkulation also immer wieder die Frage, wie weit sich die Kostenarten „unmißverständlich, also ohne Gefahr von Fehlschlüssen, auf die Kostenträger bringen lassen" oder „in welchem Maße ein Kostenträger z. B. ein Auftrag für die Kosten verantwortlich ist, die bei Durchführung des Auftrages entstehen"[50].

Da die *variablen Kosten* eine Funktion der *Leistungserstellung* sind, sind sie auch sowohl in Form der Einzelkosten als auch in Form der geschlüsselten variablen Gemeinkosten den Kostenträgern anlastbar. Die *fixen Kosten* jedoch sind eine Funktion der *Leistungsbereitschaft* und nicht der Leistungserstellung. Somit erscheint *Rummel* eine Verrechnung der fixen Kosten auf die Kostenträger im Hinblick auf die geforderte „Proportionalität" als nicht gerechtfertigt, denn „Warum sollen wir überhaupt das einzelne Erzeugnis mit Kosten belasten, für die es gar nicht verantwortlich ist[51]!" *Rummel* bezweifelt jedoch nicht nur die Möglichkeit einer *richtigen* Verteilung der fixen Kosten auf die Kostenträger, sondern er stellt sogar die Frage, „ob eine solche Umlegung überhaupt nötig ist"[52].

3. Die Notwendigkeit einer Schlüsselung der fixen Kosten

Da die Kostenrechnung eine Zweckrechnung ist, erkennt *Rummel* nämlich richtig, daß es ihre Zwecke sind, die die Art der Kostenrechnung

---

[47] Henzel, F., S. 260.
[48] Vgl. Henzel, F., S. 263.
[49] Vgl. RKW, Allgemeine Grundsätze der Kostenrechnung, Berlin 1939, insbes. S. 8 ff.
[50] Rummel, K.: Einheitliche Kostenrechnung..., 1949, S. 194 (Zit. umgst.).
[51] Rummel, K.: Einheitliche Kostenrechnung..., 1949, S. 211.
[52] Rummel, K.: Einheitliche Kostenrechnung..., 1949, S. 194.

bestimmen sollen, wobei er schon 1927 als die wichtigste Aufgabe jeder Kostenrechnung die Ermöglichung (a) eines Werks- und Zeitvergleiches, (b) der Ermittlung der Preisuntergrenze, (c) der Anleitung zu einer richtigen Beschäftigungspolitik und (d) der Wirtschaftlichkeitskontrolle sieht[53].

a) Der Werk- und Zeitvergleich

Ein Werkvergleich bzw. Zeitvergleich läßt sich nach Ansicht *Rummels* bei einer Vollkostenrechnung nur auf der Basis der Vollbeschäftigung durchführen, denn man kann doch die Kostenträger nicht mit den Kosten einer Bereitschaft, die nicht ausgenutzt ist (Unterbeschäftigung), belasten. Somit ist die Schlüsselung der fixen Kosten auf die Kostenträger für diesen Zweck der Kostenrechnung nicht nur nicht erforderlich, sondern würde sogar das Bild verzerren, denn „Eine nutzbringende Kritik der Abweichungen der Zahlenwerte von Monat zu Monat, von Werk zu Werk, kann erst einsetzen, sobald die in Geldeinheiten ausgedrückten Kosten eines Rechnungsabschnittes auf irgendwelche Bezugsgrößen bezogen sind"[54], und außerdem kann sie „nur bei denjenigen Kosten einsetzen, die der Erzeugung oder Stückzahl proportional sind"[55].

b) Die Ermittlung der Preisuntergrenze bei schlechter Beschäftigungslage

Die Preisuntergrenze bei schlechter Beschäftigungslage und in Zeiten des Konkurrenzkampfes ist nach Ansicht *Rummels* seit *Schmalenbachs* klassischem Ausspruch „Die Degression schreit nach Sättigung"[56] durch die proportionalen Kosten bestimmt. „Jede Geldeinheit, zu der ein Erzeugnis *über* diese proportionalen Kosten verkauft werden kann, vermindert den im Wettbewerb in schlechten Zeiten unvermeidbaren Verlust, jede Geldeinheit, zu der unter dieser Preisgrenze verkauft werden würde, erhöht den Verlust[57]." Die proportionalen Kosten ergeben sich nach Rummel durch Addition der Einzelkosten und der proportionalen Schlüsselkosten oder durch Subtraktion der Bereitschaftskosten von den Gesamtkosten.

---

[53] Vgl. Rummel, K.: Das Selbstkostenwesen auf Eisenhüttenwerken mit besonderer Berücksichtigung des Standpunktes des Ingenieurs, Düsseldorf 1927, S. 1 und S. 4 ff.
[54] Rummel, K.: Einheitliche Kostenrechnung..., 1949, S. 55.
[55] Rummel, K.: Einheitliche Kostenrechnung..., 1949, S. 55.
[56] Schmalenbach, E.: Grundlagen der Selbstkostenrechnung und Preispolitik, 1925, S. 24.
[57] Rummel, K.: Einheitliche Kostenrechnung..., 1949, S. 213.

c) Die Beschäftigungspolitik

Die Beschäftigungspolitik, d. h. die Entscheidung, welches Produktionsprogramm man durchführen bzw. ob man eventuell einen Zusatzauftrag hereinnehmen soll, ist auch bei *Rummel* eine der wichtigsten Fragen der Unternehmungsführung. Soll man eine diesbezügliche Entscheidung treffen, so muß man bedenken, daß „in Wirklichkeit ja alle Erzeugnisse immer miteinander gekuppelt sind und, wie mehrfach betont, die große Kunst des Betriebsleiters darin besteht, seinen Betrieb so einzurichten und solche Erzeugnisse hereinzunehmen, die sich gegenseitig ergänzen"[58]. Die große Aufgabe eines Betriebsleiters ist es also, Aufträge mit geringen Zuwachskosten hereinzunehmen, die in das Produktionsprogramm hereinpassen. Diese Entscheidung kann man aber nur bei genauer Kenntnis der variablen, also der Zuwachskosten, die man dem erzielbaren Nettoerlös vergleichend gegenüberstellt, treffen. Somit ist die Notwendigkeit einer Schlüsselung der fixen Kosten auch für diese Entscheidung nicht gegeben.

d) Die Wirtschaftlichkeitskontrolle

Eine bessere Wirtschaftlichkeitskontrolle läßt sich nach der Ansicht *Rummels* durch die Einführung der Einheitskalkulation bzw. der „Blockkostenrechnung" erzielen, denn durch die dazu erforderlichen Kostenanalysen werden Unterlagen geschaffen, die einen viel tieferen Einblick in die Kostenstruktur des Betriebes erlauben und somit Unwirtschaftlichkeit klarer erkennen lassen. Hat man einmal diese Untersuchung durchgeführt, so ist ein „Schritt zur Entwicklung von *Soll*-Werten getan" ... „Liegen aber einmal die Zahlen fest, so ist es eine ganz selbstverständliche Folge, daß diese Zahlen für die Zukunft vorgegeben werden, mit einem anderen Wort, sie werden budgetiert. So kommt man gewissermaßen — ‚von selbst' zur Plankostenrechnung mit dem Planverbrauch an Maßeinheiten und den Plankosten einer Maßeinheit"[59].

Rummel verbindet also mit seiner konsequenten Proportionalisierung bzw. Trennung der Kosten die Idee einer Planung der Kosten, denn er ist überzeugt, daß eine Plankostenrechnung durch Vergleich mit den Daten einer Ist-Kostenrechnung nicht nur die Unwirtschaftlichkeiten aufzeigen wird, sondern er verspricht sich davon auch eine automatische Verringerung unnützer Kosten, denn er glaubt an die „suggestive Kraft aller Soll-Zahlen"[60], welche im Sinne eines sparsameren Verhaltens auf die Betriebsangehörigen erzieherisch wirken sollen. *Rummel* denkt vor allem an eine Budgetierung bzw. Planung der kalenderzeitproportionalen Ko-

---

[58] Rummel, K.: Einheitliche Kostenrechnung..., 1949, S. 205 (Zit. umgst.).
[59] Rummel, K.: Einheitliche Kostenrechnung..., 1949, S. 189.
[60] Rummel, K.: Einheitliche Kostenrechnung..., 1949, S. 189.

sten, denn er kennt die Bedenken der Praxis, daß es eventuell überaus schwierig sein werde, die tatsächlich anfallenden Fixkosten zu ermitteln. „Folgt man aber ... dem Grundsatz, die fixen Kosten jeweils und für jede Kostenart zu *planen* und mit diesen *Soll*-Werten zu rechnen, so wird die Aufgabe leichter und nach Auffassung des Verfassers befriedigend gelöst[61]." Die Planung bzw. Kontrolle der mengenproportionalen Kosten stellt nach Meinung *Rummels* keine Schwierigkeit dar, da sie ja eindeutig durch das Mengengerüst bestimmt werden.

4. Die „Blockkostenrechnung" als Lösungsversuch des Problems der fixen Kosten

Schon in den ersten zwei Auflagen seines Buches (1934 und 1939) weist *Rummel* darauf hin, daß die Verteilung der fixen Kosten (also der kalenderzeitproportionalen) auf die jeweils erzeugten Kostenträger keine Kostenrechnung, sondern nur eine *statistische Verteilung* darstellt, da keine Funktion zwischen Leistungserstellung und kalenderzeitproportionalen Kosten besteht. „Die festen Kosten sind nämlich gerade dadurch gekennzeichnet, daß sie mit der Menge der Erzeugnisse *nichts* zu tun haben und auf keine logische, sondern nur auf statistische Weise auf die Kostenträger gebracht werden können. Sie sind nicht von der Erzeugung ‚abhängig', d. h. sie stehen in keinem funktionalen Zusammenhang mit ihr. Sie können nur in Form einer Mittelbildung durch die Anzahl der Erzeugnisse dividiert werden[62]." *Rummel* bezeichnet die Ermittlung der vollen Durchschnittskosten als „Scheinmathematik ohne funktionellen Zusammenhang", als „Verrechnungskunststücke" und empfiehlt daher für die „festen" Kosten die Behandlung als Block, d. h. Maßgröße ist der Rechnungsabschnitt selbst. Bei streng logischer Interpretation des auch von den Vollkostentheoretikern vertretenen „Verursachungsprinzips" wäre es ja auch die einzig richtige Lösung, die „fixen" Kosten der sie verursachenden Leistungsbereitschaft in der Zeitspanne zu belasten. *Rummel* schlägt also vor, die kalenderzeitproportionalen Kosten nicht auf die Erzeugnisse zu schlüsseln, sondern sie in einem Block zu sammeln, „da sie nur als ein von der Ist-Erzeugung unabhängiger Block für den Rechnungsabschnitt anfallen. Die Erfolgsrechnung stellt dann durch Gegenüberstellung der auf die Erzeugnisse verrechneten Kosten und des Erlöses die Überdeckung oder Unterdeckung des Kostenblocks fest"[63].

Da *Rummel* seine Idee einer „Blockkostenrechnung" in der ersten und zweiten Auflage seines Buches nur immer am Rande erwähnte, und er erkennen mußte, daß man seine „ketzerische" Idee, wie er sie selbst

---

[61] Rummel, K.: Einheitliche Kostenrechnung..., 1949, S. 210.
[62] Rummel, K.: Einheitliche Kostenrechnung..., 1949, S. 122.
[63] Rummel, K.: Einheitliche Kostenrechnung..., 1949, S. 127.

nannte, doch nicht richtig verstanden hatte, fügte er seinem Buch bei der dritten Auflage (1949) ein eigenes Kapitel mit der zusammenfassenden Darlegung seiner „Blockkostenrechnung" an, die er wie folgt definiert[64]: „Stellt man lediglich den Block der fixen Kosten dem Block der proportionalen Kosten gegenüber und rechnet man den Erzeugnissen nur die proportionalen Kosten zu, nicht aber die Bereitschaftskosten, so nennen wir das die ‚Blockkostenrechnung'."

Das Prinzip der „Blockkostenrechnung" besteht also in einer *strikten Trennung* der *„mengenproportionalen"* und der *„kalenderzeitproportionalen"* Kosten, wobei die „mengenproportionalen" Kosten den Kostenträgern *direkt* zugerechnet werden, während man die „kalenderzeitproportionalen" Kosten unverteilt in einem Block sammelt. Um dies durchführen zu können, nimmt *Rummel* eine Fünfteilung der Kosten vor, indem er unterscheidet[65]:

1. rein kalenderzeitproportionale Kosten, z. B.: Zinsen vom Anlagekapital, Abschreibungen für technische Entwertung, ein Teil der Gehälter usw.
2. rein mengenproportionale Kosten, z. B.: Fertigungsmaterial, Fertigungslohn usw.
3. Kosten, die zwar nicht unmittelbar zur Erzeugung proportional sind, sich aber mit Hilfe anderer betrieblicher, von der Erzeugung abhängiger Größen auf die Erzeugnisse bringen lassen, z. B.: Rüstkosten.
4. Kosten, die gemäß Planung proportional gemacht werden können, gewissermaßen etatsmäßig, wie Hilfsstoffe, Hilfslöhne usw.
5. Kosten ohne jede Proportionalität zu betrieblichen Größen, z. B. besonders Instandsetzungen, Aufräumungsarbeiten, Angebotskosten ohne Erfolg, Kosten für verlorene Forschungs- und Entwicklungsarbeiten, Teile der Verwaltungskosten usw.

Die Kosten der Klasse 2, 3 und 4 lassen sich nach *Rummel* mit hinreichender Genauigkeit durch das Maß ihrer Verursachung, d. h. proportional, auf die Kostenträger zurechnen, während die Kosten der Klasse 1 und 5 im Fixkostenblock gesammelt werden, welcher am Ende der Geschäftsperiode „en bloc" durch den Überschuß aus Erlös minus mengenproportionalen Kosten seine Deckung finden muß, denn es ist auch *Rummel* klar, „daß kein Unternehmen bestehen kann, wenn die ihm als Erlös zufließenden Einnahmen nicht auf die Dauer die Ausgaben decken"[66].

5. Zusammenfassung

Rummel scheint bei der Entwicklung seiner „Blockkostenrechnung" nicht nur allein von den Gedanken *Schmalenbachs* beeinflußt worden zu

---
[64] Rummel, K.: Einheitliche Kostenrechnung..., 1949, S. 214.
[65] Rummel, K.: Einheitliche Kostenrechnung..., 1949, S. 215.
[66] Rummel, K.: Einheitliche Kostenrechnung..., 1949, S. 199.

II. Blockkostenrechnung

sein, sondern er scheint auch schon die ersten Spuren des noch zu untersuchenden „Direct Costing" in den USA gefunden zu haben (denn in seinen Ausführungen erweist er sich als ganz ausgezeichneter Kenner des amerikanischen betrieblichen Rechnungswesens[67] und außerdem lassen sich auch noch andere, der „Blockkostenrechnung" ähnliche Ansätze zurückverfolgen.

1938 schlug *Beste*[68] vor, die fixen Kosten um die Kostenstellen herumzuleiten und direkt auf das V. und G.-Konto zu übernehmen, da durch diese Maßnahme die Kostenkontrolle übersichtlicher wird.

1930 empfahl *Hasenack*[69], ihrer Natur nach nicht beeinflußbare Kosten aus der „Unkostenbudgetierung" herauszulassen, da sie ja so nicht der Kontrolle der Stellenleiter unterliegen.

Weiters findet sich die Erkenntnis, daß die kurzfristige Preisuntergrenze durch die Grenzkosten gegeben ist, im Jahre *1926* bei *Walb*[70], im Jahre *1925* bei *Lehmann*[71] und im Jahre *1924* bei *Beste*[72]. Auch der Begriff der „Deckung" (als Überschuß des Erlöses über die darauf entfallenden direkten Aufwendungen) wird schon im Jahre *1919* von *Peiser*[73] verwendet.

1909 war es *Schuchart*[74] der (neben *Schmalenbach*) empfahl, die Berechnung der „allgemeinen Kosten", für die man keine geeigneten Bezugsgrößen finden kann, ganz zu unterlassen, sie also nicht zu verteilen.

Selbst im Jahre *1781* schien man ähnlicher Ansicht gewesen zu sein, denn *Klipstein*[75] zeigt an Hand eines Lehrbeispieles aus der Eisenindustrie, wie die Einzelkosten den einzelnen „Betrieben" (Bergbau, Köhlerei,

---

[67] Vgl. Rummel, K.: Einheitliche Kostenrechnung..., S. 22, 119, 141.

[68] Vgl. Beste, Th.: Die Produktionsplanung, in: ZfhF 1938, S. 363.

[69] Vgl. Hasenack, W.: Budgeteinführung und Betriebspsyche, in: Annalen der Betriebswirtschaft 1929/30, S. 398.

[70] Vgl. Walb, E.: Die Erfolgsrechnung privater und öffentlicher Betriebe, Berlin - Wien 1926, S. 424, zit. nach Raffèe, H.: Kurzfristige Preisuntergrenze als betriebswirtschaftliches Problem, Köln und Opladen 1961, S. 60.

[71] Vgl. Lehmann, M. R.: Die industrielle Kalkulation, Berlin - Wien 1925, S. 11 ff., zit. nach Raffèe, H., S. 60.

[72] Vgl. Beste, Th.: Die Verrechnungspreise in der Selbstkostenrechnung industrieller Betriebe, in: Betriebswirtschaftliche Zeitfragen, hrsg. von der Gesellschaft für wirtschaftliche Ausbildung, Heft 5, Berlin 1924, S. 64, zit. nach Raffèe, H., S. 60.

[73] Vgl. Peiser, H.: Grundlagen der Betriebsrechnung in Maschinenbauanstalten, 1. Auflage, Berlin 1919, S. 21 ff., 2. Auflage 1923, S. 42 ff., zit. nach Riebel, P.: Das Rechnen mit relativen Einzelkosten und Deckungsbeiträgen als Grundlage unternehmerischer Entscheidungen im Fertigungsbereich, in: Neue Betriebswirtschaft, Heidelberg 1961, S. 145.

[74] Vgl. Schuchart, A.: Die Selbstkostenrechnung für Hüttenwerke, insbes. für Eisen- und Stahlwerke, Düsseldorf 1909, S. 13, zit. nach Dorn, G., S. 73.

[75] Vgl. Klipstein, Ph. E.: Lehre von der Auseinandersetzung im Rechnungswesen, Leipzig 1781, zit. nach Dorn, G., S. 23.

Schlackenpocher, Schmelze und Schmiede) zugerechnet werden sollen, während die Gemeinkosten direkt in die V. und G.-Rechnung eingehen.

Obwohl also die „Blockkostenrechnung" *Rummels* nichts grundlegend Neues beinhaltet und auch jeder Hinweis auf den Kostencharakter der *alternativ realisierbaren Gewinne* fehlt, kann er doch das Verdienst in Anspruch nehmen, durch seine Veröffentlichungen einen wesentlichen Beitrag zur Förderung des Verständnisses für die Bedeutung des instrumentalen Rechnungswesens in Wissenschaft und Praxis geleistet zu haben.

C. Die „Grenzplankostenrechnung" Plauts

I. Einleitung

Mit der Erkenntnis, daß zum Zwecke des *Wirtschaftlichkeitsvergleiches*, sei es ein Zeitvergleich oder ein zwischenbetrieblicher, die Istkosten nicht geeignet sind, da sie durch die wechselnde Beschäftigung einmal höhere Stückkosten und einmal niedrigere Stückkosten ausweisen, ohne daß dies in einer geringeren oder größeren Wirtschaftlichkeit seine Ursache haben muß, ging man immer mehr dazu über, die Kosten zu *normalisieren*. Vor allem dachte man dabei an eine Normalisierung des Fixkostenanteils je Leistungseinheit und versuchte dies zu erreichen, indem man dem einzelnen Stück nur soviel an Fixkosten zurechnete, als es bei voller Beschäftigung zu tragen gehabt hätte.

Obwohl diese „Normalkalkulation" einen großen Fortschritt gegenüber der Vollkostenrechnung darstellte, konnte man doch nicht übersehen, daß es sich noch immer um eine, wenn auch verbesserte, Istkostenrechnung handelte, bei der es wohl noch viele Kosten gab, die in ihrer ausgewiesenen Höhe von verschiedenen Zufällen abhängig waren. Daraus ergab sich, daß man bei einem Wirtschaftlichkeitsvergleich mit Hilfe solcher Zahlen das tatsächliche Ergebnis zweier verschiedener Perioden oder zweier verschiedener Betriebe verglich, ohne aber daraus erkennen zu können, wie weit die erzielte Wirtschaftlichkeit an die optimal mögliche herangeführt worden war, denn man verglich doch Istkosten mit Istkosten oder um mit *Schmalenbach* zu sprechen, alten Schlendrian mit neuem Schlendrian.

Mit anderen Worten: es fehlte ein objektiver Maßstab, an dem man die jeweils erzielte Wirtschaftlichkeit und ihre Abweichung von der optimal möglichen hätte messen können. Es ergab sich daraus die Frage, ob es nicht besser wäre, anstatt die Kosten zu normalisieren, sie gleich zu *planen*, und zwar auf der Grundlage von exakten Verbrauchsberechnungen (Betriebs- und Produktionsanalysen) und wenn ein genaues Messen oder Zählen nicht möglich ist, durch genaue Schätzungen. Diese geplanten Kosten sollten dann den objektiven Maßstab bilden, an dem man die Wirtschaftlichkeit der Betriebsführung messen konnte.

Im ersten System einer Plankostenrechnung plante man die Kosten als Ganzes, ohne mögliche Beschäftigungsschwankungen zu berücksichtigen. Es handelte sich also um eine *„starre Vollplankostenrechnung"*.

Man erkannte jedoch bald, daß diese starre Plankostenrechnungsform weder zum Zweck der Wirtschaftlichkeitskontrolle, noch als *Instrument der Unternehmensführung*, zu welchem man ja die Kostenrechnung immer mehr auszubauen versuchte, geeignet war, da die kostenmäßigen Konsequenzen von Beschäftigungsabweichungen in diesem System nicht berücksichtigt wurden. Man versuchte daher, die Kostenplanung weiter zu entwickeln, indem man die kostenmäßigen Veränderungen bei Beschäftigungsschwankungen in das System der Plankostenrechnung einzubauen begann.

Es entstand die „*flexible Plankostenrechnung*", bei der man die verschiedenen Kostenarten zu den sie verursachenden Größen in Beziehung brachte, d. h. man teilte die Kosten in ihre *zeitabhängigen* und *beschäftigungsabhängigen* Bestandteile, um so die *Vollkosten* der *jeweiligen* Beschäftigung ermitteln zu können, wodurch die Kontrolle und Beurteilung der Betriebsgebarung wesentlich erleichtert wurde.

Da die „flexible Plankostenrechnung" somit eine Vollkostenrechnung darstellt, konnte sie der zweiten Hauptaufgabe jeder Kostenrechnung, nämlich Unterlagen für optimale unternehmerische Entscheidungen zu liefern, nicht ohne Sonderrechnungen gerecht werden. Mit neuerlichem Vordringen des *Grenzkostengedankens* nach dem 2. Weltkrieg erkannte man diesen wesentlichen Mangel und versuchte daher, eine Plankostenrechnungsform zu entwickeln, in welcher die fixen Kosten gar nicht oder nur unverteilt ausgewiesen werden; somit die Umlage der fixen Kosten auf die Kostenträger vermieden wird.

Verfolgte man also mit der „flexiblen Plankostenrechnung" den Zweck, immer die *vollen Durchschnittskosten* zu finden, indem man mittels *Variator* oder *Stufenplan* jeweils die Gesamtkosten auf die erzeugten Mengen brachte, so verfolgte nun die „*Grenzplankostenrechnung*" den gegenteiligen Zweck, nämlich die Fixkosten aus der Verteilung auszuschließen und nur die variablen Kosten den Kostenträgern zu belasten, da die fixen Kosten ja von der Leitsungsbereitschaft und nicht von der Leistungserstellung abhängig sind.

Der Einwand, daß die flexible Plankostenrechnung auch die Grenzkosten erkennen lasse, ist nicht unberechtigt, da sie ja auch eine Trennung der Kosten in ihre fixen und proportionalen Bestandteile vornimmt, jedoch darf nicht übersehen werden, daß sie Ungenauigkeiten in sich birgt, weil die Variatoren nur in ganzen Zahlen, also Variator 1, 2, 3 usw. festgestellt werden und daß außerdem der Variator, da er ja eine Verhältniszahl darstellt, nur immer in bezug auf die bei seiner Ermittlung zu Grunde gelegte Beschäftigung eine richtige Aussage machen kann. Nimmt man z. B. an, daß eine Kostenart bei der Beschäftigung von 100 % den Variator 5 hat, so gilt dieser Variator nur in bezug auf diese Beschäf-

I. Einleitung

tigung von 100 %, denn bei einer Beschäftigung von z. B. 50 % wäre ein neu berechneter Variator nur mehr 3,3, was sich durch folgende Tabelle illustrieren läßt:

Besch. Grad	Fixe Kosten	prop. Kosten	Gesamtk.	Variator
100 %	100,—	100,—	200,—	5
50 %	100,—	50,—	150,—	3,3

Bei wechselnder Beschäftigung verändert sich somit das Verhältnis der Gesamtkosten zu den variablen Kosten. Hat sich jedoch in einem Betrieb der Variator für irgend eine Kostenart bei einer gegebenen Beschäftigung im Bewußtsein der Verantwortlichen festgesetzt, so werden diese auch bei geänderter Beschäftigungslage allzu leicht geneigt sein, durch den für alle Beschäftigungsgrade gleich bleibenden Variator (da er sich ja immer auf die Beschäftigung von 100 % bezieht) ihre Überlegungen auf Grund einer falschen Vorstellung des Verhältnisses der fixen Kosten zu den variablen Kosten anzustellen. Daraus ergibt sich, daß eine „flexible Plankostenrechnung" als Führunginstrument Gefahren in sich bergen kann, da der Unternehmensführung eventuell falsche Daten signalisiert werden könnten.

Um die Grenzkosten mit genügender Genauigkeit und jederzeit auch ohne Schwierigkeit und Irrungsmöglichkeit bestimmen zu können, bleibt nur die Möglichkeit, die variablen Kosten für sich allein zu erfassen bzw. zu planen, ohne sie mit den zeitabhängigen Kosten in irgendeiner Weise zu verbinden. Selbstverständlich kann man, und wird es auch tun, auch die fixen Kosten erfassen, jedoch müssen diese gesondert und unverteilt ausgewiesen werden. Als Ergebnis dieser Überlegungen entstand die *„Grenzplankostenrechnung"*, die nicht nur einen objektiven Maßstab für Wirtschaftlichkeitskontrollen bietet, sondern auch die Grenzkosten mit großer Genauigkeit auszuweisen imstande ist.

Eine derartige „Grenzplankostenrechnung" wurde nach dem zweiten Weltkrieg vor allem von *Plaut* in Deutschland eingeführt, wobei er wesentliche Impulse von *Rummel* (wie er selbst sagt)[1], *Schmalenbach* (was er bestreitet)[2] und aus Nordamerika[3] erhielt, wo ab 1950 die Grenzkostenrechnung stark propagiert wurde und sich im bisher nicht dagewesenen Ausmaß durchzusetzen begann.

Obwohl es keine Frage ist, daß sich die Grenzkostenrechnung auch ohne diese Beeinflussung aus dem anglo-amerikanischen Raum auf dem euro-

---

[1] Vgl. Plaut, H. G.: Die Grenz-Plankostenrechnung, 2. Teil, in: ZfB 1953, S. 404 und Die Grenzplankostenrechnung, in: ZfB 1955, S. 32.

[2] Vgl. Plaut, H. G.: Die Grenzplankostenrechnung, in: ZfB 1955, S. 26.

[3] Vgl. Plaut, H. G.: Die Grenz-Plankostenrechnung, in: ZfB 1953, S. 347 und Die Grenzplankostenrechnung, in: ZfB 1955, S. 26.

päischen Kontinent weiterentwickelt hätte, ist man oft geneigt, den Einfluß dieser amerikanischen Grenzkostenrechnungsform, des „Direct Costing" (in Gr. Brit. „Marginal Costing") auf die Entwicklung in Europa zu überschätzen[4]. Das „Direct Costing" entspricht nämlich weitgehend der „Mengenkostenrechnung" *Schmalenbachs* und der „Blockkostenrechnung" *Rummels,* wie aus der offiziellen Definition des „Direct Costing" klar zu erkennen ist[5]:

"Direct Costing should be defined as a segregation of manufacturing costs between these which are fixed and those which vary directly with volume. Only the prime costs plus variable factory costs are used to value inventory and cost of sales. The remaining factory expenses are charged off currently to profit and loss."

Hervorzuheben ist ferner, daß das „Direct Costing" wohl meist, aber keinesfalls immer, mit einer Planung der Kosten verbunden ist und daß das entscheidende Kriterium des „Direct Costing" *nicht die Kostenplanung,* sondern das *Grenzkostenprinzip* darstellt[6]. Um sich nun ein Urteil über den Einfluß des „Direct Costing" auf die Weiterentwicklung der europäischen Grenzkostenrechnung bilden zu können, erscheint eine Untersuchung der Entstehung und der wesentlichen Merkmale des „Direct Costing" als erforderlich.

II. Das „Direct Costing" in Nordamerika

1. Geschichtliche Entwicklung des „Direct Costing"

Aus dem NACA-Research Report Nr. 23 aus dem Jahre 1953[7], der sich ausschließlich mit dem „Direct Costing" beschäftigt, geht hervor, daß die erste veröffentlichte Beschreibung des „Direct Costing" im Jahre 1936 durch *Harris*[8] erfolgte: „In diesem Aufsatz wurde auch zum ersten Mal der Begriff ‚Direct Costing' benutzt, um dieses Verfahren zu beschreiben. Die Firma von Herrn Harris begann mit der Anwendung der Grenzkostenrechnung zwei Jahre bevor der oben erwähnte Artikel erschien. Einige andere Gesellschaften, die wir während unserer Untersuchung um

---

[4] Vgl. z. B. Kosiol, E.: Plankostenrechnung als Instrument moderner Unternehmensführung, Berlin 1956, S. 189.

[5] Neidirk, W.: How Direct Costing can work for Management, in: NACA-Bulletin 32, Jan. 1951, Sect. 1, p 525.

[6] Vgl. NACA-Research Report Nr. 23, 1953, übersetzt vom RKW: Direct Costing, Das Rechnen mit Grenzkosten, Frankfurt/M. 1960, S. 27 u. 70.

[7] „Direct Costing", Research Series No. 23, in: NACA-Bulletin 34, 8. April 1953, Sect. 3, p. 1078 - 1128; übers. vom RKW, Frankfurt/M. 1960; vgl. auch Wright, W.: Direct Standard Costs for Decision Making and Control, New York 1962, S. 6.

[8] Vgl. Harris, J. N.: What did we earn last month?, in: NACA-Bulletin 17, 10. Jan. 1936, Sect. 1, p. 501 - 527.

Auskunft baten, fingen noch früher an. In einer dieser Firmen richtete der Budget-Direktor schon im Jahre 1908 ein Abrechnungssystem ein, in dem die fixen und die variablen Kosten getrennt gesammelt wurden, um so Grenzkostendaten für die Preispolitik zu erlangen. Das gleiche Verfahren wurde anschließend in einigen anderen Gesellschaften von demselben Betriebswirt angewendet. Im Jahre 1919 führte es eine der Firmen ein, die an dieser Untersuchung teilnahmen. Dieses Unternehmen verwendet aber für die Inventurbewertung weiterhin die Vollkostenrechnung, während eine andere Gesellschaft ihre Fabrikatebestände seit der Gründung im Jahre 1922 mit Grenzkosten bewertet. Eine der besuchten Firmen ging 1926 von der Vollkosten- zur Grenzkostenrechnung über, eine andere begann 1932 mit einer allmählichen Überleitung[9]."

Der NACA Research Report Nr. 23 führt weiter aus, daß diese Grenzkostenrechnung wahrscheinlich von einigen amerikanischen Betriebswirten unabhängig voneinander erfunden worden sei und daß sich diese Grenzkostenrechnung auch in gleicher Weise und in der selben Zeit in Großbritannien entwickelt zu haben scheint[10]. Interessant ist auch die Feststellung dieses amerikanischen Forschungsberichtes, daß es auch einige Hinweise gäbe, „daß das Verfahren auf dem europäischen Festland benutzt wird, obgleich Unterschiede in der Sprache und in den Kostenrechnungsbegriffen es unmöglich machten, den Umfang der dortigen Anwendungen festzustellen"[11].

Nach *Heckert-Miner*[12] wurde eine Art „Direct Costing" in Nordamerika zuerst von den Departmentstores nach den Vorschlägen von *Clark* angewendet. *Clark* führte 1933 aus[13]:

„Es wird im wachsenden Maße klar, daß ein Warenhaus nicht auf der Basis einer Theorie geleitet werden kann, nach der eine Gruppe von parallel arbeitenden Abteilungen vorliegt, deren jede ihren Saldo des Nettoerfolges oder -verlustes an die zentrale Kasse abführt... Die Verkaufsabteilungen sind nicht parallele Geschäfte, welche einen Nettogewinn produzieren, sondern sie sind wie Ströme, deren jeder seinen Beitrag in ein gemeinsames Reservoir fließen läßt. Dieser Beitrag besteht aus der Bruttomarge (Gross Margin) ihres Umsatzes abzüglich ihrer direkten Aufwendungen... Aus diesem gemeinsamen Reservoir fließen die Aufbringungen zur Unterhaltung der für das gesamte Warenhaus arbeiten-

---

[9] NACA-Research Report 23, a.a.O., Übers. des RKW, a.a.O., S. 12.
[10] Vgl. a.a.O., S. 12.
[11] a.a.O., S. 12.
[12] Vgl. Heckert-Miner: Distribution Costs, 2. Auflage, New York 1953, S. 173 ff., zit. nach McNair und May: Pricing for Profit, Harvard Business Review 1957, Heft 3, S. 108; Deutsch nach Böhm-Wille: Direct Costing und Programmplanung, München 1960, S. 66.
[13] Vgl. Böhm-Wille: Direct Costing und Programmplanung, S. 65.

den Dienstabteilungen und zur Deckung der Lasten. Der Nettogewinn ist das, was im Reservoir übrigbleibt."

Durch dieses Kalkulationsschema versprach sich *Clark* zweifellos eine bessere Aussagekraft der Kostenrechnung im Hinblick auf die *Umsatz-Kosten-Ertragsstruktur* der einzelnen Abteilungen, da durch diese Methode die Verteilung der gar nicht verursachungsgerecht schlüsselbaren fixen Kosten vermieden wird und man so einen viel besseren Überblick der einzelnen Abteilungen zum Gesamtgewinn erzielt.

Auch nach Ansicht *Böhms*[14] hat das industrielle „Direct Costing" in den USA wesentliche Impulse aus der Entwicklung der Handelskalkulation erhalten, wodurch eine typisch händlerische Denkweise, nämlich das Denken in Spannen und Margen, in die Industriekalkulation hineingetragen wurde. Tatsächlich ist es ja so, daß in der Handelskalkulation die erzielte Brutto-Gewinnspanne anzeigt, in welcher Weise die Manipulations-, Verwaltungs- und Vertriebskosten, mit einem Wort alle nicht auf die Ware aktivierbaren Kosten, gedeckt werden und welcher Reingewinn nach Abzug dieser Kosten verbleibt. Daraus erklärt sich auch, warum das „Direct Costing" zuerst von Warenhäusern und erst später in der Industrie angewendet wurde[15].

Wille[16] ist wiederum der Ansicht, daß sich die erste Erscheinungsform des „Direct Costing" schon 1920 in den USA zeigten, wobei er jedoch betont, daß es praktische Bedeutung erst nach dem 2. Weltkrieg erlangte.

Tatsächlich aber wurde schon 1904 in der „Encyclopaedia of Accounting"[17] eine Tote-Punkt-Berechnung aufgestellt und ihre Durchführung besprochen. *Keller*[18] behauptet sogar, daß es schon vor und um die Jahrhundertwende dem „Direct Costing" ähnliche oder gleichartige Kostenrechnungsmethoden gab, indem er sich auf Veröffentlichungen über Kostenrechnung aus dem Jahre 1898 und 1902 beruft (ohne diese Quellen allerdings näher nachzuweisen). Daher bezeichnet er auch unter der Überschrift „Renewed Interest in Direct Costing" die in den späten dreißiger Jahren erschienenen Artikel als „jüngere" („recent") Veröffentlichungen, wobei er die damalige Aufnahme derselben in der Fachwelt und die weitere Entwicklung des „Direct Costing" wie folgt beurteilt[19]:

"The idea did not find ready acceptance by companies which were using absorption costing methode. Over the next 10 years few companies

---

[14] Vgl. Böhm-Wille: Direct Costing und Programmplanung, S. 65.

[15] Vgl. auch Heckert-Miner: Distribution Costs, S. 173 - 203.

[16] Vgl. Böhm-Wille: Direct Costing und Programmplanung, S. 29.

[17] Hrsg. von Lisle, G.: Edinburgh - London 1904, S. 217; nach Keller, W.: Management Accounting for Profit Control, New York, Toronto, London 1957, S. 372.

[18] Vgl. Keller, W.: Management Accounting for Profit Control, S. 121.

[19] Keller, W., S. 122.

made the change and the position of absorption costing was strengsthened by the issuance of Bulletin 29[20]. Then in the early 1950s business began to experience the prewar seasonal and cyclical fluctuations. These resulted in overabsorption and underabsorption of fixed expenses in different periods which affected reported profits of the periods. This renewed the interest in direct costing, and it was discussed extensively in programs and publications of accounting and management associations. As a result of this impetus, it is currently being adopted by many companies."

Auch aus einer großen Anzahl anderer Veröffentlichungen geht hervor, daß das „Direct Costing" erst nach dem 2. Weltkrieg, insbesondere nach 1950, im größeren Ausmaß Eingang in das amerikanische Rechnungswesen gefunden hat[21].

2. Aufgabe des „Direct Costing"

Der Forschungsbericht Nr. 23 der NACA über das „Direct Costing" sieht als Aufgabe der Grenzkostenrechnung, die Geschäftsführung stärker als es bisher durch eine Vollkostenrechnung geschah, über die Beziehungen zwischen Kosten, Beschäftigung und Erfolg zu unterrichten, wobei diese Informationen in einer Form vorgelegt werden sollten, die für die Führungskräfte aller Ebenen leicht verständlich ist[22]. Um dies zu erreichen, sollte man in das betriebliche Rechnungswesen eine beweg-

---

[20] Eine offizielle Erklärung des American Institute of Accountants vom Juli 1947, in welcher für die Bewertung der Erzeugnisse ausdrücklich eine Verteilung der fixen Kosten verlangt wird (Accounting Research Bulletin 29, Statement 3), Vgl. auch Keller, W., S. 122.

[21] Vgl. z. B.: Beckett, J. A.: An Appraisal of Direct Costing, NACA-Bulletin 33, 5. Jan. 1951, Sect. 1, p. 651 - 660; Luenstroth, H. W.: The Case for Direct Costing, NACA-Bulletin 33, 12. Aug. 1952, Sect. 1, p. 1479 - 1495; Franc, G. W.: Will Direct Costing Theory stand Inspection?, NACA-Bulletin 34, 4. Dec. 1952, Sect. 1, p. 490 - 499; Taylor, P. C.: What can we expect of Direct Costing as a Management Tool?, NACA-Bulletin 34, 11. July 1953, Sect. 3, p. 1532 - 1545; Heiser, H. C.: What can we expect of Direct Costing as a Basis for internal and external Reporting?, NACA-Bulletin 34, 11. July 1953, Sect. 3, p. 1546 - 1560; Greer, D. J.: Alternatives to Direct Costing, NACA-Bulletin 35, 7. March 1954, Sect. 1, p. 878 - 888; Ludwig, J. W.: Inaccuracies in Direct Costing, NACA-Bulletin 35, 7. March 1954, Sect. 1, p. 895 - 906; Sauber, R. W.: Management appraises Direct Costing — a Play, NACA-Bulletin 37, 4. Dec. 1955, Sect. 1, p. 459 - 472; Chiuminato, P. M.: Is Direct Costing the Answer to better Management Acounting?, NACA-Bulletin 37, 6. Febr. 1956, Sect. 1, p. 699 - 712; Christie, J. W.: A concrete Products Company uses Direct Costing with Standard Costs, NACA-Bulletin 38, 5. Jan. 1957, Sect. 1, p. 680 - 690; Chambers, Ch. R.: A Conversion to Direct Costing, NACA-Bulletin 40, 4. Dec. 1958, Sect. 1, p. 15 - 25; Donachie, R. J.: Converting and Using Direct Costing, NAA-Bulletin 40, 7. March 1959, Sect. 1, p. 19 - 30; Heiser, H. C.: Direct Costing-Management Reporting, NAA-Bulletin 41, 1. Sept. 1959, Sect. 3, p. 69 - 72; Davis, R. E.: Direct Costing — will general Acceptance follow Management Acceptance?, NAA-Bulletin 42, 1. Sept. 1960, Sect. 1, p. 31 - 41.

[22] a.a.O., S. 10.

liche Plankostenrechnung, Gewinnschwellendiagramme und Grenzerfolgsanalysen einführen, wodurch die gewünschten Daten jederzeit verfügbar sind und man sich zusätzliche Analysen und Untersuchungen erspart[23]. Eine Vollkostenrechnung führt nämlich zu einer Verschleierung dieser Beziehungen und damit zu falschen Informationen.

Taylor[24] stellt folgende rhetorische Frage, die die ganze Problematik einer Vollkostenrechnung aufzeigt: "Fixed expenses are the cost of what? Are they really a cost of production? Or as it has often been stated, are they not standby costs, costs of just standing ready to produce?"

Die fixen Kosten können somit gar nicht den Kostenträgern zugerechnet werden, da sie nicht durch die Leistungserstellung, sondern durch die Leistungsbereitschaft verursacht werden und so kein kausaler Zusammenhang zwischen Beschäftigung und fixen Kosten besteht.

Auch *Rautenstrauch* und *Villers*[25] kommen zum gleichen Ergebnis:

"Direct Costs are the costs that can reasonably be directly assigned to the manufacturing and sale of a product and are such that if the product was not manufactured and sold, they would not be incurred by the business."

3. Durchführung des „Direct Costing"

Als Folgerung aus dieser Erkenntnis ergab sich die Notwendigkeit, die Gesamtkosten in ihre fixen und variablen Bestandteile zu zerlegen, wobei der NACA-Research Report Nr. 16[26] drei mögliche Verfahren nennt, die (1) der buchtechnischen Kostenzuteilung, (2) der graphischen oder mathematischen Kostenauflösung und (3) der flexiblen Kostenplanung entsprechen.

Ursprünglich versuchte man also, durch verschiedene Analysen darzustellen, wie sich die Kosten und Erfolge bei einer Änderung des Beschäftigungsgrades verhalten[27], und das Problem der reziprok zum Erzeugungsumfang sich verändernden Stückkosten bei einer Vollkostenrechnung durch eine Normalkalkulation, die die fixen Kosten zu einer bestimmten Normalbeschäftigung in Beziehung setzt und sie dann mit

---

[23] Vgl. NACA-Research Report Nr. 16 vom 15. Juni 1949 „The Variation of Costs with Volume" und NACA-Research Report Nr. 17 vom Dezember 1949 „Analyses of Cost-Volume-Profit Relationships".

[24] Taylor, B. C.: What can we expect of Direct Costing as a Management Tool?, in: NACA-Bulletin 34, Juli 1953, S. 1534.

[25] Rautenstrauch, W. und Villers, R.: Budgetary Control, S. 158.

[26] The Variation of Costs with Volume.

[27] Vgl. NACA-Research Report Nr. 23, Übers. des RKW, S. 16.

den normalisierten Werten (gleichgültig wie der tatsächliche Beschäftigungsgrad sich verhält) auf die Kostenträger überträgt, zu lösen[28].

Später jedoch ging man dazu über, die Zusammenhänge zwischen Kosten, Beschäftigung und Gewinn in der Kosten- und Erlösrechnung selbst zu zeigen. „Das wurde dadurch erreicht, daß man von den Umsatzerlösen zunächst die veränderlichen Kosten abzog, um so den Erlösüberschuß zu erhalten. Anschließend setzte man die fixen Kosten ab und gelangte so zum Nettogewinn[29]."

Somit ergab sich folgendes Kalkulationsschema:

Netto-Umsatzerlös
./. Grenzherstellkosten der verkauften Waren
Fertigungsüberschuß
./. Leistungskosten des Vertriebes
Verkaufsüberschuß (Marginal Income)
./. Periodenkosten:
    Fixe Betriebskosten
    Fixe Vertriebs- und
    Werbungskosten
    Allgemeine Verw.-K.
    Sonst. Periodenkosten
    (z. B. Forschung)   Summe der
                                    Periodenkosten
Netto Betriebserfolg

Durch diesen Modus, die gesamten fixen Periodenkosten dem Periodenerlös anzulasten, ergibt sich der Umstand, daß die Halb- und Fertigfabrikate nur zu den direkten Kosten bewertet werden. Somit ist für den errechneten Betriebserfolg allein der *Umsatz* von entscheidender Bedeutung, weil der Fixkostenanteil auch der nicht verkauften Erzeugnisse als Kosten in dieser Grenzkosten-Erfolgsrechnung aufscheinen; zum Unterschied zur Vollkostenrechnung also keine fixen Kostenanteile im Vorrat der Halb- und Fertigerzeugnisse aktiviert werden.

4. Zusammenfassung

Ohne vorerst auf die Vor- und Nachteile, die dem „Direct Costing" zugeschrieben werden, näher einzugehen (es sind dies grundsätzlich die gleichen, wie sie sich bei der noch zu besprechenden europäischen „Grenzplankostenrechnung" ergeben), soll nochmals hervorgehoben werden, daß die bisherige sowie die zukünftige Entwicklung des „Direct Costing", trotz der umfangreichen in letzter Zeit veröffentlichten Literatur und den zweifellos erzielten großen Fortschritten, nicht überschätzt werden

---

[28] Vgl. NACA-Research Report Nr. 23, Übers. des RKW, S. 15.
[29] NACA-Research Report Nr. 23, Übers. des RKW, S. 14.

darf. So stellt der NACA Research Report Nr. 23 fest, daß die Grenzkostenrechnung „bis vor kurzer Zeit" nur wenigen Firmen bekannt war und daß „die bisherigen Erfahrungen der Industriebetriebswirte mit der Grenzkostenrechnung noch keine genügend breite Grundlage bilden, um Endgültiges über ihre allgemeine Brauchbarkeit aussagen zu können"[30].

Keller[31] bezeichnet sogar noch *1957* die Vollkostenrechnung, die durch die Umlegung der fixen Kosten auf die Kostenträger gekennzeichnet ist, als die „allgemein gebräuchliche Methode", weil die Genehmigung zur Vorratsbewertung mit Grenzkosten in der Steuerbilanz a. o. schwer erlangbar sei, so daß das „Direct Costing" nur für interne Berichte und Operationsanalysen verwendet werden kann.

Auch *Villers*[32] ist der Ansicht, daß das Rechnen mit Vollkosten in den USA kaum auf breiter Basis durch eine Grenzkostenrechnung ersetzt werden würde:

"The Profit and loss statement ... is based upon the classification of cost of goods sold, that is labor, material and factory overhead; selling expanse and administrative overhead. This classification is so well established by tradition that it seems hardly conceivable that it could be changed."

Die jüngste Veröffentlichung des RKW[33] über die Kostenrechnung in den USA stellt sogar fest, daß von den etwa 6500 bekannten US-amerikanischen Firmen nur etwa 200 das „Direct Costing"-System verwenden.

Zusammenfassend kann man feststellen, daß das amerikanische „Direct Costing" in der Betriebs*praxis* seinen Ursprung hatte und man erst zu einem Zeitpunkt, als es sich schon bis zu einem gewissen Grad durchgesetzt hatte, mit dessen theoretischen Erforschung sich befaßte, wobei sich diese weniger auf wissenschaftliche Überlegungen als auf die Ergebnisse der Befragungen der einzelnen Betriebe über die Anwendungsmöglichkeiten des „Direct Costing" und die damit verbundenen Vor- und Nachteile stützte.

Die amerikanische Grenzkostenrechnung zeigt somit eine der europäischen entgegengesetzte Genesis, da in Europa vor allem durch *Schmalenbach* schon vor Jahrzehnten alle wichtigen mit der Grenzkostenrechnung zusammenhängenden und durch diese lösbaren Probleme theoretisch erforscht, jedoch auch die Grundsätze für die praktische Durchfüh-

---

[30] a.a.O., Übers. des RKW, S. 70.
[31] Vgl. Keller, I. W.: Management Accounting for Profit Control, S. 121 und 128.
[32] Villers, R.: The Dynamic of Industrial Management, S. 315.
[33] Vgl. RKW: Planung und Planungsrechnung in amerikanischen Unternehmen, Berlin - Köln - Frankfurt/M. 1962, S. 96.

rung einer Grenzkostenrechnung durch *Schmalenbach* und später durch *Rummel* erarbeitet worden waren.

Daß es sich aber bei der Grenzkostenrechnung in Europa um eine, nicht nur theoretisch schon längst erforschte, sondern auch um eine *praktisch schon längst erprobte und angewandte Kalkulationspraxis* handelt, sei mit einem Zitat (welches so „modern" anmutet, daß man es einer NACA-Veröffentlichung der jüngsten Zeit entnommen glaubt) aus einer im Jahre *1926* erschienenen und eine *Kalkulationspraxis* beschreibenden Publikation bewiesen[34]: „Die Abrechnungen im Speditionsgewerbe enthalten, wie schon in der Einleitung erwähnt wurde, die den Kommittenten aufgerechneten direkten Kosten und die tarifmäßigen Provisionssätze, welche das Äquivalent für die indirekten Kosten und den Gewinnzuschlag bilden. Der Saldo der Betriebskonten weist den Bruttoerfolg aus, von welchem die indirekten Kosten in Abzug zu bringen sind, um den Nettoerfolg zu finden. An Stelle einer zeitraubenden Aufteilung der indirekten Kosten auf die einzelnen Aufträge kann daher die Erfolgskontrolle auch so durchgeführt werden, daß dem Monats- (Quartals-, Jahres-) bruttoerfolg der einzelnen Betriebsabteilungen der Kostenaufwand dieser Abteilungen in derselben Periode gegenübergestellt wird."

So betrachtet, kann das „Direct Costing" in keiner Hinsicht als etwas Neues beurteilt werden, da erstens die theoretischen Erkenntnisse in Europa schon Jahrzehnte früher als in Amerika geschaffen wurden und es zweitens wohl schon gleichzeitig oder noch früher in Europa grenzkostenrechnende Betriebe oder gar ganze Branchen gegeben hat, nur daß es bis 1952 an der Publikation der praktischen Erfahrungen, so wie es in den USA durch die NACA-Bulletins üblich ist, gefehlt hat.

Man kann somit wohl mit Recht feststellen, daß mit dem „Direct Costing" etwas im neuen Gewand zu uns kam, was wir schon längst, jedoch im schlichteren Kleid, kannten und daß nur die Überbewertung alles und jedes, was nach dem Krieg aus den USA zu uns kam, sogar einen großen Teil der Fachwelt vorübergehend zu täuschen vermochte.

III. Die „Grenzplankostenrechnung" in Deutschland

1. Geschichtliche Entwicklung

Nach dem 2. Weltkrieg machte sich in Deutschland, gleich wie in Nordamerika, wieder ein verstärktes Interesse an der Grenzkostenrechnung bemerkbar, waren nun doch die Zeiten der LSÖ vorüber und der Erfolg eines Unternehmens wieder im steigenden Maße von den Fähigkeiten

---

[34] Mayer, L. sen.: Selbstkostenrechnung und Tarifbildung im Speditionsgewerbe, Sonderdruck aus: ZfB 1926, Heft 1, S. 7.

der Führungskräfte abhängig. Eine gute Unternehmensführung bedurfte somit wieder eines geeigneten Führungsinstrumentes um richtige Entscheidungen treffen zu können. Die Zeiten einer garantierten Vollkostendeckung waren nämlich vorbei und Unwirtschaftlichkeiten wurden nicht mehr mit einem höheren Gewinn belohnt, sondern waren jedem Unternehmen im höchsten Maße abträglich. Die mit der langsam wiedergewonnenen Freiheit des Marktes entstehende Konkurrenz begann für eine Auslese zu sorgen, die die Unternehmen zu größerer Wirtschaftlichkeit und besseren Entscheidungen zwang, wollten sie nicht ein Opfer des Wettbewerbs werden. Plan- und Grenzkostenrechnungen waren nun daher nicht mehr „nicht erforderlich" oder gar „nicht ratsam", sondern ein dringendes Gebot. Somit war die Zeit gekommen, von neuem und im größeren Umfang Plankostenrechnungen zur Wirtschaftlichkeitskontrolle und Grenzkostenrechnungen zur richtigen Erkenntnis wirtschaftlicher Tatbestände in den Betrieben einzuführen. Es war aber keineswegs so, daß man damit Neuland betrat, sondern man konnte auf soliden, sowohl theoretisch fundierten als auch praktisch erprobten Grundlagen aufbauen.

Ein maßgeblicher Vertreter des *praktischen* Kostenrechnungswesens, *Plaut*, versuchte ab 1950 sowohl Plankostenrechnung als auch Grenzkostenrechnung in *einem* Abrechnungsverfahren zusammenzufassen, welches er „Grenz-Plankostenrechnung"[35] nannte. In einer Publikation aus dem Jahre 1952[35] verteidigt *Plaut* sein System der Anwendung der flexiblen Plankostenrechnung, in welchem er den Ausweis *aller Kostenarten je Stelle* und deren Vergleich mit den Istkosten fordert (gegen die Auffassung von Theoretikern der Plankostenrechnung, die eine summarische Abweichungskontrolle je Stelle als ausreichend betrachten) mit dem Hinweis auf den dadurch entstehenden Vorteil, die *Grenzkosten* je Kostenträger bestimmen zu können[36]: „Im übrigen bietet die Plankostenrechnung die Möglichkeit, jederzeit die Grenzkosten darzustellen. Der Verfassung entwickelt die Plankostenrechnung schon seit etwa zwei Jahren — dem Gedanken von *Rummel* folgend — zu einer Grenz-Plankostenrechnung. In dieser werden nur die proportionalen Kosten, also außer den Einzelkosten noch die proportionalen Gemeinkosten, in der Kostenträgerrechnung nach Kostenträgern oder Kostenträgergruppen aufgeteilt, während die fixen Kosten global in einer Summe erscheinen können. *Rummel* schreibt: ‚Wer braucht eigentlich zu wissen, welcher Anteil der fixen Kosten auf die einzelnen Erzeugnisse entfällt?'"

Ein Jahr später ist es jedoch nicht mehr Rummel gewesen, auf dessen Erkenntnissen und Anleitungen *Plaut* aufgebaut haben wollte, sondern

---

[35] Plaut, H. G.: Wo steht die Plankostenrechnung in der Praxis?, in: ZfB 1952.

[36] Plaut, H. G.: Wo steht die Plankostenrechnung in der Praxis?, in: ZfB 1952, S. 400; vgl. auch S. 402.

das amerikanische Vorbild des „Direct Cost Plan", welches ihm ein Jahr früher noch völlig unbekannt war[37]: „Seit dem Jahre 1950 habe ich mich damit befaßt, die nach und nach aufgetretenen bzw. bekanntgewordenen Unzulänglichkeiten der beweglichen Plankostenrechnung zu vermeiden, indem ich, ausgehend vom amerikanischen Vorbild, diese Form der Plankostenrechnung zur Grenz-Plankostenrechnung weiter entwickelte. Im Jahre 1951 ist in einem Betrieb die Grenz-Plankostenrechnung in vollem Umfang durchgeführt worden, d. h. es wurde sowohl der Soll-Ist-Vergleich als auch die Kostenträgerrechnung in Form der Grenz-Plankostenrechnung erstellt." Etwas später führte *Plaut* in derselben Publikation aus[38]: „Die flexible Plankostenrechnung stammt also aus Amerika. Diese Feststellung erscheint mir wichtig, weil auch die nachfolgend dargestellte Grenz-Plankostenrechnung amerikanischen Ursprungs ist und feststeht, daß sich in Amerika, das uns auf diesem Gebiet jahrelang voraus ist, allmählich die Entwicklung von der flexiblen zur Grenz-Plankostenrechnung vollzieht. Ich bin daher der Auffassung, daß auch in Deutschland die gleiche Entwicklung folgen wird."

Bemerkenswert an dieser Feststellung ist, daß sich *Plaut* dabei auf den NACA-Research Report No. 23 vom April *1953* und auf ein NACA Bulletin aus dem Jahre *1952* bezieht, obwohl er ja in derselben Veröffentlichung festgestellt hat, daß in Deutschland schon im Jahre 1951 die „Grenz-Plankostenrechnung" in einem Betrieb in vollem Umfang durchgeführt worden sei. Die Begründung, warum *Plaut* plötzlich die „Grenz-Plankostenrechnung" aus den USA abgeleitet wissen wollte, obwohl seine eigenen Angaben das Gegenteil beweisen, mag vielleicht darin zu finden sein, daß er mit verschiedenen deutschen Betriebswirten[39] über Fragen der Plankostenrechnung (Verrechnung der Abweichungen, Kapazitätsplanung/Maximal-, Normal-, Optimalkapazität/oder Engpaßplanung) Meinungsverschiedenheiten hatte, und er seine Auffassung durch Hinweis auf die gefundenen Parallelen in Amerika bekräftigen wollte. So führt er z. B., nachdem er zuvor *Schwantag* zitierte, wie folgt aus[40]: „Diese Deduktion muß ich ausdrücklich ablehnen, und hier bin ich mir der Zustimmung der weitaus überwiegenden Zahl der Kostenfachleute in Deutschland und der Übereinstimmung mit den in den USA entwickelten Methoden der flexiblen Standardkostenrechnung und vor allem auch der Grenz-Plankostenrechnung sicher."

Weiters führt Plaut mit Bezugnahme auf die „Grenz-Plankostenrechnung aus[41]: „Diese Einwände gegen meine Vorschläge, die ich immer wie-

---

[37] Plaut, H. G.: Die Grenz-Plankostenrechnung, 1. Teil, in: ZfB 1953, S. 347.
[38] Plaut, H. G., S. 348.
[39] Vor allem mit Neumayer, Diercks, Petzold und Schwantag; vgl. ZfB 1953, Die Grenz-Plankostenrechnung, 1. Teil, S. 349, 351, 354, 356 und 362 und insbes. S. 363.
[40] Plaut, H. G.: Die Grenz-Plankostenrechnung, 1. Teil, in: ZfB 1953, S. 363.

der höre, seitdem ich mich bemühe, die Grenz-Plankostenrechnung in die Praxis umzusetzen, sind auch in der Diskussion anläßlich der Jahrestagung des NACA am 18. 6. 1952 in Amerika aufgetaucht und im NACA-Bulletin vom September 1952 beschrieben. Ich habe mit gewissem Vergnügen festgestellt, daß die Einwände gegen die Grenz-Plankostenrechnung (The Direct Cost Plan) in Amerika die gleichen sind, wie in Deutschland, aber daß trotzdem hier wie dort die Direkt-Kostenrechnung oder Grenz-Plankostenrechnung sich auf dem Vormarsch befindet."

Am aufschlußreichsten ist aber folgende Feststellung *Plauts*, die er im Anschluß an eine Aufzählung praktischer Beispiele zur Anwendung der Grenzkostenrechnung trifft[42]: „Diese Erkenntnis ist wie gesagt nicht neu. Sie findet sich bei *Schmalenbach* und insbesondere bei *Rummel*, der schon seit 20 Jahren immer wieder betont, wie unlogisch und gefährlich es sei, die fixen Kosten den gefertigten Produkten irgendwie zuschlagen zu wollen. Es ist aber nach meinem Wissen bisher fast immer nur bei dieser theoretischen Erkenntnis geblieben. Praktische Vorschläge, wie es denn nun zweckmäßigerweise anders zu machen sei, sind mir, abgesehen von den amerikanischen Veröffentlichungen, nicht bekannt geworden."

Daraus ergibt sich, daß *Plaut* vermutlich von der Idee ausgeht, daß eine praktische Grenzkostenrechnung nur über eine Plankostenrechnung möglich sei. Daher sind auch alle von *Schmalenbach*, *Rummel* usw. ausgearbeiteten Anleitungen zur Durchführung einer Grenzkostenrechnung für *Plaut* „theoretische Erkenntnisse" geblieben, obwohl kein Zweifel bestehen kann, daß die Ideen und Anleitungen *Schmalenbachs* und *Rummels* usw. im großen Maße zum richtigen Verständnis der Abhängigkeit der Kosten vom Beschäftigungsgrad und zur Durchführung von Grenzkostenrechnungen in der betrieblichen Praxis geführt haben. Beachtet man außerdem noch, daß das „Direct Costing" in Amerika wohl in der Mehrzahl der Fälle aber *keineswegs immer* mit einer Plankostenrechnung verbunden ist, so kann man die von Plaut vertretene Meinung über die Entwicklung der Grenzkostenrechnung nur als Trugschluß werten. Aus einer jüngeren Publikation *Plauts* (in welcher er sich gegen die Behauptung seines ehemaligen Schülers *Böhm*, nicht *Plaut*, sondern *Böhm* habe empfohlen, die Plankostenrechnung mit einer Grenzkostenrechnung zu verbinden, zur Wehr setzt) kann man jedoch ersehen, daß er dies zum Teil erkannt haben dürfte, denn er führt 1958 aus[43]: „Die erste Veröffentlichung in Westdeutschland mit praktischen Vorschlägen für eine Grenzkostenrechnung stammt, wie ich inzwischen erfuhr, nicht von mir und auch nicht von *Böhm*, sondern von Dr. Gerland[44]."

---

[41] Plaut, H. G.: Die Grenz-Plankostenrechnung, 2. Teil, in: ZfB 1953, S. 410.
[42] Plaut, H. G.: Die Grenz-Plankostenrechnung, 2. Teil, in: ZfB 1953, S. 407.
[43] Plaut, H. G.: Die Grenzplankostenrechnung in der Diskussion und ihre weitere Entwicklung, in: ZfB 1958, S. 263.

Man kann zusammenfassend die Feststellung treffen, daß *Plaut* von der Annahme ausging, eine Grenzkostenrechnung sei in der Praxis ohne eine Plankostenrechnung nicht möglich. Beachtet man jedoch, daß es vielen praktischen Betriebswirten sicherlich leicht verständlich und durchführbar erscheint, die *Istkosten* in ihre *fixen* und *proportionalen Bestandteile* zu trennen, also eine Grenzkostenrechnung zu erstellen, daß sie aber verwirrt werden, wenn man diese Istkosten nicht nur in fixe und proportionale, sondern auch in *Plankosten* und *Abweichungen* trennen soll, so kann man dieser Meinung *Plauts* nicht zustimmen. Es ist somit auch gar nicht erforderlich, aufzuzeigen, daß auch die *Plankostenrechnung* eigene und selbständige Wurzeln in der deutschen Betriebswirtschaftslehre hat[45], um die „Grenzplankostenrechnung" weitgehend als eine selbständige und logische Weiterentwicklung eigenen Gedankengutes zu erkennen. Daß dies aber heute zum Großteil nicht erkannt wird, ist vor allem auf die Veröffentlichungen *Plauts* zurückzuführen, wobei zu vermerken ist, daß er in seiner letzten Publikation nun doch zu der Erkenntnis gelangt, daß die „flexible Plankostenrechnung" in Deutschland schon „am Anfang der 30iger Jahre entstand"[46], und daß die Grenzkostenrechnung keine neue Erkenntnis sei, indem er ausführt[46]: „Mit dieser Problematik haben sich nahezu alle Betriebswirtschaftler der letzten Jahrzehnte ausgiebig beschäftigt, so vor allem Schmalenbach, der wohl in der deutschsprachigen betriebswirtschaftlichen Literatur erstmals diese Erkenntnis in allgemein gültiger Form veröffentlicht hat."

Vergleicht man also zusammenfassend nochmals die Entwicklung der Kostenrechnung in Deutschland mit der des anglo-amerikanischen Raums, so kann man sicherlich verblüffende Parallelen feststellen; die Behauptung jedoch, die „Grenzplankostenrechnung" sei aus dem „Direct Costing" entstanden, erweist sich als unhaltbar.

2. Vorteile der „Grenzplankostenrechnung"

Die Grenzplankostenrechnung ist, wie schon der Name sagt, durch die Verbindung der Plankostenrechnung mit der Grenzkostenrechnung charakterisiert. Die *Istkosten* werden somit nicht nur gespalten in *Sollko-*

---

[44] Vgl. Gerland, A.: Kostenanpassung als Kalkulationsaufgabe, in: Wirtschaftszeitung, Nr. 73 vom 10. 9. 1949. Vgl. auch Gerland, A.: Kostendeckungsrechnung als Bestandteil der internen Berichterstattung über den Jahresabschluß, in: Kostenrechnungs-Praxis, Heft 5, 1960, S. 201 ff., insbes. S. 206: „Die Möglichkeiten, die Grundgedanken der Kostendeckungsrechnung anzuwenden, sind sehr groß. Unser Aufsatz im Jahre 1949, anscheinend der erste *Nachkriegsaufsatz* (Hervh. v. Verf.) über diese Rechentechnik in Westdeutschland mit praktischen Vorschlägen, trug die Überschrift ‚Kostenanpassung als Kalkulationsaufgabe'."
[45] Vgl. z. B. Schmalenbach, E.: Über Verrechnungspreise, in: ZfhF 1908, S. 165.
[46] Plaut, H. G.: Unternehmenssteuerung mit Hilfe der Voll- oder Grenzplankostenrechnung, in: ZfB 1961, S. 460.

sten und *Abweichungen,* sondern auch in *fixe* und *proportionale* Bestandteile. Damit wird sowohl den Erfordernissen einer exakten Wirtschaftlichkeitskontrolle als auch denen der Unternehmensführung durch *ein* Abrechnungssystem entsprochen.

Obwohl auch die normale flexible Plankostenrechnung sicherlich zu annähernd gleichwertigen Ergebnissen führen kann, zieht es *Plaut* aus Erfahrung vor, im Betriebsabrechnungsbogen die fixen Kosten und die proportionalen Kosten *getrennt* auszuweisen. Es erscheinen also im Betriebsabrechnungsbogen „drei Spalten je Kostenstelle, eine Fixkosten- oder Leerkostenspalte, dann eine Soll-Proportionalkostenspalte und eine Ist-Proportionalkostenspalte"[47]. *Plaut* mußte nämlich die Feststellung machen, daß das Arbeiten mit dem Variator bisher nur „einem verhältnismäßig geringen Bruchteil der Kostenstellenleiter wirklich einleuchtet"[48] und daß nur durch den Ausweis der Grenzkosten (sowohl der geplanten als auch der tatsächlichen) das richtige Verständnis gesichert sei[49]. „Die Grenz-Plankostenrechnung macht also den Soll-Ist-Vergleich erst wirklich klar und überschaubar und ermöglicht es dem Betrieb, seine Sollkosten zu kontrollieren und sogar bei der voraussichtlichen Beschäftigung des laufenden Monats sich die späteren Sollkosten selbst herzuleiten[50]." *Plaut* ist durch seine reiche praktische Erfahrung zur Erkenntnis gelangt, „daß eine solche Möglichkeit bei der alten Form des Soll-Ist-Vergleiches, in der überhaupt nur die Istkosten ausgewiesen wurden, nicht bestand, bei einer kostenartigen Ausweisung der Plankosten mit Variatoren erheblichen Schwierigkeiten begegnet und erst bei der Grenz-Plankostenrechnung gegeben ist"[50]. Die Vorteile der „Grenzplankostenrechnung" für die Kostenstellenrechnung sieht *Plaut* also vor allem in der Möglichkeit, daß sich die *Kostenstellenleiter* ihre Sollkosten jederzeit selbst ausrechnen können, die Ermittlung der „richtigen" Planbeschäftigung (als Bezugsbasis bei der Berechnung der Variatoren) wegfällt und der Soll-Ist-Vergleich zur Wirtschaftlichkeitskontrolle erleichtert wird[51].

Für die *Unternehmensführung* erkennt *Plaut* den Vorteil, daß eine Betriebsabrechnung nach dem System der „Grenzplankostenrechnung" jederzeit und ohne Nebenrechnungen wichtige Daten zu liefern in der Lage ist[52], da nur die genaue Kenntnis der Grenzkosten rasche und vor allem richtige Entscheidungen ermöglicht, wie sie jeder Unternehmensführung,

---

[47] Plaut, H. G.: Die Grenzplankostenrechnung, in: ZfB 1955, S. 37, vgl. auch Plaut, H. G.: Die Grenz-Plankostenrechnung, 1. Teil, in: ZfB 1953, S. 357.

[48] Plaut, H. G.: Die Grenz-Plankostenrechnung, 2. Teil, in: ZfB 1953, S. 407.

[49] Vgl. auch Heberlein, W.: Grenz-Plankostenrechnung und Controller, Mannheim 1958, S. 73.

[50] Plaut, H. G.: Die Grenz-Plankostenrechnung, 1. Teil, in: ZfB 1953, S. 358.

[51] Vgl. Plaut, H. G.: Die Grenzplankostenrechnung, in: ZfB 1955, S. 39.

[52] Vgl. Plaut, H. G.: Die Grenzplankostenrechnung, in: ZfB 1955, S. 39.

vor allem im Hinblick auf (a) Bestimmung der Preisuntergrenze, (b) Artikelauswahl bei Vollbeschäftigung, (c) Verfahrenswahl im Fertigungsbetrieb und (d) in der Investitionspolitik obliegen.

a) Ermittlung der Preisuntergrenze[53]

Betreibt ein Unternehmen seine Preispolitik auf Grund der Ergebnisse einer Vollkostenrechnung und besteht es auf die Vergütung der vollen Stückkosten durch den Markt, so wird es in der Phase einer rückläufigen Konjunktur nicht mehr alle erzeugten Produkte absetzen können und daher die Produktion einschränken müssen. Durch die geringere Produktion werden die vollen Stückkosten steigen, da sich die auf die Kostenträger gebrachten anteiligen Fixkosten verkehrt proportional zur Beschäftigung entwickeln[54]. Schließlich wird dieser Artikel infolge des hohen Kostenpreises kaum mehr absetzbar sein, so daß man sich zur Einstellung der Erzeugung dieses Produktes wird entschließen müssen. Dies wird wiederum zur Folge haben, daß die Fixkosten nun auf eine noch kleinere Basis verteilt werden müssen, so daß die Durchschnittskosten auch der anderen Kostenträger steigen, was wiederum zu einer geringeren Absatzmöglichkeit auch dieser verbliebenen Kostenträgerarten führen wird usw. Im krassesten Fall wird man kaum noch etwas verkaufen können, kaum mehr produzieren und daher nahezu die ganzen nicht abbaufähigen Fixkosten zu tragen haben, ohne auch nur eine teilweise Vergütung derselben zu erwirtschaften. Kennt man aber seine Grenzkosten und ist man in Zeiten einer Krise oder des Konkurrenzkampfes bereit, wenigstens zum Teil auf eine Vergütung der fix anfallenden Kosten zu verzichten, so wird man sich den Großteil seiner Absatzmöglichkeiten erhalten können und daher eine teilweise Deckung der Fixkosten, die sich aus der Differenz zwischen Erlös und den Grenzkosten ergibt, erzielen, denn „solange einzelne Artikel nicht unter Grenzkosten verkauft werden, tragen sie immer zur Deckung der fixen Kosten und damit zum Gewinn bei"[55]. *Plaut* erkennt somit, daß die Preisuntergrenze nicht durch die vollen Stückkosten gegeben ist, sondern durch die Grenzkosten, d. h. durch die Kosten, die zusätzlich durch die Leistungserstellung anfallen, also im Falle eines Verzichtes auf Beschäftigung nicht anfallen würden und somit vermeidbar wären. *Plaut* räumt 1961 allerdings ein, daß diese Erkenntnis auch schon früher zur praktischen Anwendung der Grenzkostenrechnung geführt hat, jedoch allein für diesen Zweck, denn für

---

[53] Vgl. Plaut, H. G.: Unternehmenssteuerung mit Hilfe der Voll- oder Grenzplankostenrechnung, in: ZfB 1961, S. 468 ff.

[54] Vgl. auch Michel, H.: Das Problem der „gegenläufigen" Kosten, in: Kostenrechnungspraxis 1960, Heft 5, S. 215.

[55] Plaut, H. G.: Unternehmenssteuerung mit Hilfe der Voll- oder Grenzplankostenrechnung, in: ZfB 1961, S. 474.

andere Entscheidungen seien weitgehend die Ergebnisse der Vollkostenrechnung herangezogen worden[56].

b) Artikelauswahl bei Vollbeschäftigung (Produktionsprogramm)[57]

Jeder nach dem erwerbswirtschaftlichen Prinzip arbeitende Unternehmer wird bestrebt sein, jenes Produktionsprogramm durchzuführen, welches ihm auf lange Sicht den größten Gewinn zu bringen in der Lage ist. Er wird also nach Gewinnmaximierung streben. Um dieses Ziel zu erreichen, wird er mit Hilfe der Daten seiner Kostenrechnung versuchen, die *rentabelsten Artikel* zu ermitteln, um diese dann in sein Produktionsprogramm aufnehmen und dafür weniger rentable aus dem Programm ausschließen zu können. Legt er seiner Entscheidung die Ergebnisse der Vollkostenrechnung zu Grunde, so wird er jene Artikel aus dem Programm streichen, die den geringsten *Reingewinn* ausweisen, ohne zu berücksichtigen, daß dieser geringe Reingewinn vielleicht nur durch eine übermäßige Belastung mit Fixkosten entstanden sein mag und daß ein anderer Artikel nur deshalb einen größeren Reingewinn ausweist, weil er mit verhältnismäßig geringeren anteiligen Fixkosten belastet wurde. Es kommt nämlich nicht darauf an, den größtmöglichen Reingewinn pro Stück zu erzielen, sondern den größtmöglichen Reingewinn insgesamt. Es ist daher unsinnig, die einzelnen Artikel mit Fixkosten nach irgendwelchen Schlüsseln zu belasten, da dies die *Ertragskraft* der verschiedenen Produkte nur verschleiern würde. Es interessiert nicht, wie groß der Reingewinn pro Stück nach Abzug der zugerechneten Fixkosten ist, sondern wieviel der einzelne Artikel durch seine Aufnahme ins Programm zum Bruttoerfolg, der sich aus der positiven Differenz von Nettoerlösen und Grenzkosten ergibt, beisteuert. Es zeigt sich also, „daß für die Zwecke der Artikelauswahl überhaupt nur und in jedem Falle die Spanne zwischen den *Grenzkosten* und den Erlösen aussagefähig sein kann"[58], denn nur die Differenz zwischen Grenzkosten und Erlös zeigt die wirkliche Rentabilität des einzelnen Kostenträgers und nicht der „Reingewinn" pro Stück auf Grund einer Vollkostenrechnung. „Nur das Grenzkostenergebnis kann demnach für die Zwecke der Artikelauswahl mit dem Ziel einer höchstmöglichen Rentabilität des Unternehmens herangezogen werden[59]."

---

[56] Vgl. Plaut, H. G.: Unternehmenssteuerung mit Hilfe der Voll- oder Grenzplankostenrechnung, in: ZfB 1961, S. 468.

[57] Vgl. Plaut, H. G.: Unternehmenssteuerung mit Hilfe der Voll- oder Grenzplankostenrechnung, in: ZfB 1961, S. 470 ff.

[58] Plaut, H. G.: Unternehmenssteuerung mit Hilfe der Voll- oder Grenzplankostenrechnung, in: ZfB 1961, S. 473.

[59] Plaut, H. G.: Unternehmenssteuerung mit Hilfe der Voll- oder Grenzplankostenrechnung, in: ZfB 1961, S. 473.

c) Verfahrenswahl im Fertigungsbetrieb[60]

Plaut hat in seiner Praxis schon öfters die Feststellung machen müssen, daß man in manchen Betrieben die veralteten Anlagen (welche offensichtlich geringe Fixkosten und hohe proportionale aufwiesen) voll beschäftigte, während man moderne, viel leistungsfähigere Anlagen (mit höheren Fixkosten und geringeren proportionalen Kosten) nur halb oder gar nicht beschäftigte, da ein Vergleich der *vollen Fertigungskosten* pro Stück zeigte, daß die veralteten Anlagen scheinbar günstiger arbeiten.

Man bedachte also offensichtlich nicht, daß die Fixkosten auch dann anfallen, wenn nicht gefertigt wird, da nun ja einmal die Anschaffung der Anlagen erfolgt war. Auf Grund der irreführenden Zahlen der Vollkostenrechnung beschloß man vielmehr, soviel wie möglich auf der alten Anlage zu fertigen, da man mit ihr ja billiger erzeugen konnte, als auf der teureren modernen Maschine. Man war sich nicht bewußt, daß gerade durch die zu geringe Beanspruchung der neuen Anlage die fixen Kosten pro Stück und somit auch die vollen Stückkosten so hoch ausfallen mußten. „Nicht das Verfahren ist das teuere, das die höchsten Gesamtkosten aufweist ... sondern das Verfahren ist das wirtschaftlichste, das in den Grenzfertigungskosten jeweils günstiger liegt[61]." Somit ist eine betriebswirtschaftlich richtige Entscheidung auch im Hinblick auf die Verfahrenswahl nur durch eine Grenzkostenrechnung möglich.

d) Investitionsentscheidungen[62]

Plaut führt dazu aus[63]: „Unterteilen wir die Fertigungskosten bei einem Investitionsvorhaben nach fixen und proportionalen Bestandteilen, so ergibt sich eine Kostenkurve, wie sie die folgende Abbildung zeigt. Wir haben hier die fixen Kosten und die proportionalen Kosten des alten Verfahrens und die fixen und proportionalen Kosten des neuen Verfahrens graphisch dargestellt. Die Gesamtkostenlinien schneiden sich bei irgendeinem Punkt und dieser Punkt zeigt dann sofort die kritische Beschäftigung, ab welcher die Investition wirtschaftlich ist."

Richtig an diesen Ausführungen *Plauts* ist, daß die Spaltung der Kosten in fixe und proportionale Bestandteile bei jeder Investitionsentscheidung unumgänglich notwendig ist, um dann unter Berücksichtigung der erwarteten Beschäftigung eine richtige Entscheidung treffen zu können. Ist einmal die Entscheidung gefallen, *daß* man investieren will und nur mehr die Frage offen, *welche* Anlage angeschafft werden soll, so wird

---
[60] Vgl. Plaut, H. G.: Unternehmenssteuerung..., in: ZfB 1961, S. 474.
[61] Plaut, H. G.: Unternehmenssteuerung..., in: ZfB 1961, S. 474.
[62] Vgl. Plaut, H. G.: Unternehmenssteuerung..., in: ZfB 1961, S. 474 ff.
[63] Plaut, H. G.: Unternehmenssteuerung..., in: ZfB 1961, S. 475.

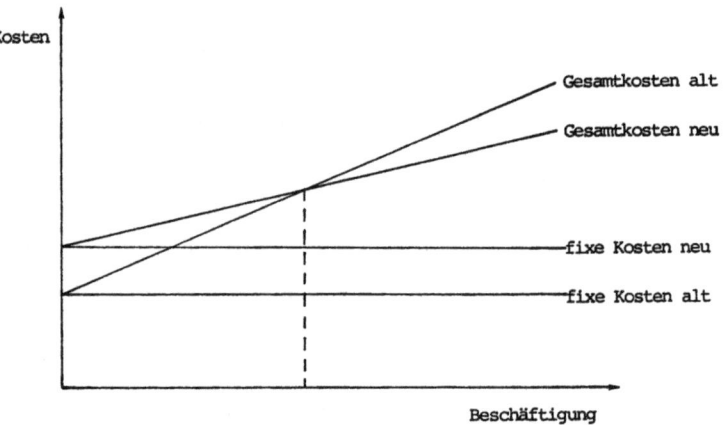

man mit Hilfe des gezeigten Diagrammes[64] und unter Berücksichtigung der erwarteten Beschäftigung das kostenoptimale Aggregat erkennen können. Jedoch kann das gezeigte Diagramm niemals alleinige Entscheidungsgrundlage sein, wenn man vor der Frage steht, ob man eine Neuinvestition durchführen soll oder nicht. Dann handelt es sich nämlich nicht mehr um einen „reinen Wirtschaftlichkeitsvergleich"[65], sondern um das Problem einer „alternativen Substitution"[66]. In diesem Punkt muß man also Plaut widersprechen, denn ist die alte Anlage einmal vorhanden, so ist zumindest ein Teil ihrer fixen Kosten nicht so schnell abbaubar, so daß bei Ersatz der alten Anlage durch eine neue nunmehr ein erheblicher Teil der alten Fixkosten (in Form einer tatsächlichen Wertminderung in der nächsten Periode bzw. in Form von Zinsen auf den Restwert) zumindest für eine gewisse Zeit *und* die neuen anfallen. Die getroffene Entscheidung könnte sich daher weitgehend als falsch erweisen, denn die Anschaffung einer neuen Anlage wird erst dann wirtschaftlich sein, wenn die alte Anlage, trotz Verzicht auf Verrechnung der nicht sobald abbaubaren Fixkosten, höhere Kosten ausweist als die neue[67]. Es besteht nämlich ein großer Unterschied zwischen den fixen Kosten, die schon gebunden, also wirklich „fix" sind und solchen, die erst geplant und damit

---

[64] Dieses Nutzschwellendiagramm wurde von Schär schon im Jahre 1911 als „Tote Punkt Berechnung" definiert. Der Tote Punkt ist nach Schär jene Umsatzgröße, „bei welcher der Brutto-Gewinn aus dem Umsatz durch sämtliche Betriebsspesen aufgezehrt wird, so daß Gewinn und Verlust gleich Null ist und das Eigenkapital leer ausgeht" (Schär, J.: Allgemeine Handelsbetriebslehre, Band I, Leipzig 1911, S. 134).

[65] Vgl. Gutenberg, E.: Grundlagen der Betriebswirtschaftslehre, Erster Band, Die Produktion, 6. Auflage, Berlin - Göttingen - Heidelberg 1961, S. 290.

[66] Vgl. Gutenberg, E.: Die Produktion, S. 89.

[67] Vgl. Gutenberg, E.: Die Produktion, S. 89, weiteres Herbert, J.: Das Ersatzproblem in der Investitionsrechnung und der Einfluß der Restnutzungsdauer alter Anlagen auf die Investitionsentscheidung, in: ZfhF 1957, S. 134.

noch von der Disposition des Unternehmens abhängig sind. Bei konsequenter Beachtung des Grenzkostenprinzips sind daher die langfristigen fixen Kosten der alten Anlage bei einer Entscheidung über eine alternative Substitution (von welcher *Plaut* spricht) außer Ansatz zu lassen, da sie ja sowieso anfallen, während man die geplanten fixen Kosten des neuen Aggregates kostenrechnerisch berücksichtigen muß, da sie erst durch die Entschließung zur Neuinvestition anfallen würden[68].

3. Mängel der „Grenzplankostenrechnung"

Viele Betriebswirte nennen als wesentlichen Mangel der „Grenzplankostenrechnung", daß sie nicht geeignet sei, die steuerrechtlich erforderlichen Vollkostendaten anzuzeigen. Dies ist ein Mangel, der in der Natur der „Grenzplankostenrechnung" begründet ist (da ein Ausweis der Grenzkosten ja mit ihr erreicht werden soll), sich jedoch ohne weiteres durch geeignete Maßnahmen beheben läßt. So weist z. B. *Wille*[69] auf die Möglichkeiten einer laufenden „vollständigen Doppelbewertung aller Positionen der Halb- und Fertigfabrikate-Vorräte" sowie auf die Ergänzung der Grenzkosten durch „anteilige Fixkosten" hin und nennt vor allem die Aktivierung eines „eisernen Bestandes" bzw. der „Bereitschaftskosten, die der durchschnittlichen Reichweite der Inventurbestände entsprechen", die „kostenträgerweise Umwertung der Inventurbestände" und die „pauschale Errechnung und Verbuchung des auf die Bestandsänderung zu Grenzkosten entfallenden Fixkostenbetrages". Weiters empfindet man das Fehlen eines „Angebotspreises", um auf längere Frist disponieren zu können, als störend[70]. *Plaut* ist jedoch der Meinung, daß dies keine stichhaltigen Einwendungen seien, da der Preis sich nach dem Markt richten wird und nicht nach den tatsächlichen Durchschnittskosten, die Bewertung der Vorräte in der Bilanz, betriebswirtschaftlich gesehen, zu Grenzkosten allein richtig sei und man die Schwierigkeiten mit dem Finanzamt durch „Abmachungen" vermeiden könne[71].

Tatsache ist, daß eine alleinige Grenzkostenrechnung immer den Mangel aufweisen muß, Vollkosten nicht ohne Sonderrechnungen zeigen zu können, da ja der Ausweis nur der Grenzkosten das erstrebte Ziel ist.

---

[68] Abgesehen davon hängt jede Investitionsentscheidung von den finanziellen Möglichkeiten, Gewinnregulierungsbedürfnissen (AfA), Erwartung des Eintretens einer besseren alternativen Substitutionsmöglichkeit in der Zukunft usw., ab. Vgl. Terborgh, G.: Business Investment Policy, Washington 1958; Illetschko, L. L.: Innerbetrieblicher Transport und betriebliche Nachrichtenübermittlung, in: Sammlung Poeschel, Stuttgart 1962, S. 75 und Swoboda, P.: Betriebliche Investitionsprobleme, in: Steuer- und Wirtschaftskartei 1961, Teil C, S. 9 ff.

[69] Vgl. Böhm, H. H. — Wille, F.: Direct Costing und Programmplanung, München 1960, S. 49 ff.

[70] Vgl. z. B. Böhm, H. H. — Wille, F.: Direct Costing..., S. 60.

[71] Vgl. Plaut, H. G.: Unternehmenssteuerung..., in: ZfB 1961, S. 476.

Beachtet man aber, daß man die Grenzkostenrechnung leicht mit einer Vollkostenrechnung kombinieren oder ergänzen kann, so erkennt man, daß diese Mängel mehr oder weniger *formeller Natur* sind. Es zeigen sich jedoch bei der „Grenzplankostenrechnung" *Plauts materielle Fehler* insofern, als er die *variablen Kosten für alle Beschäftigungsgrade als proportional* annimmt und außerdem *keine Unterteilung der fixen Kosten nach ihrer Wandelbarkeit* vornimmt. Diese materiellen Fehler sind es, die den wahren Mangel der „Grenzplankostenrechnung" darstellen.

a) Die Nichtberücksichtigung progressiver Kosten

Als einen wesentlichen Mangel der „Grenzplankostenrechnung" nennt *Kosiol*[72] die „Außerachtlassung sprungfixer Kosten" und den „Verzicht auf Einbeziehung der progressiven Kosten". *Plaut* baut nämlich seine Grenzplankostenrechnung auf der Annahme auf, daß es weder sprungfixe noch progressive, sondern nur fixe und proportionale Kosten gibt. Er weist darauf hin, „daß in Zehntausenden durchgeführten Soll-Ist-Vergleichen doch irgendwann einmal, gerade bei besonders starken Beschäftigungssteigerungen, solche propressive Gesamtkosten hätten auftreten müssen. Sie haben sich nie gezeigt"[73]. Auf Angriffe *Mellerowicz*' verteidigt *Plaut* den linearen Kostenverlauf, wobei er aber folgende Prämissen zu setzen gezwungen ist[74]: (a) Überstundenzuschläge verändern den Preis der Lohnstunde, sind also keine progressiven Kosten, (b) der Intensitätsgrad muß immer gleich bleiben, darf also nicht gesteigert werden und (c) eine Investition darf nicht vorgenommen werden. Diese gesetzten Prämissen bedeuten aber nichts anderes, als daß man, um einen linearen Kostenverlauf zu erzielen, innerhalb der Planperiode weder (a) eine *zeitliche Anpassung*[75] (denn Überstundenzuschläge bedeuten progressive Kosten, auch wenn sie durch eine Änderung der Faktorpreise verursacht werden), noch (b) eine *intensitätsmäßige* Anpassung[75], noch (c) eine *quantitative Anpassung*[75] vornehmen darf. Wie *Plaut* dies allerdings mit den „besonders starken Beschäftigungssteigerungen", bei denen er den linearen Kostenverlauf beobachtet hat, in Übereinstimmung bringt, ist nicht verständlich. Diese *unterstellte Geradlinigkeit* des Kostenverlaufes vereinfacht natürlich die Rechenbedingungen sehr, doch ist auch z. B. *Kosiol*[76] der Ansicht, daß die „Einbuße an Rechengenauigkeit kaum noch vertreten werden" kann.

---

[72] Vgl. Kosiol, E.: Plankostenrechnung als Instrument moderner Unternehmensführung, Berlin 1956, S. 196.

[73] Plaut, H. G.: Die Grenz-Plankostenrechnung, 1. Teil, in: ZfB 1953, S. 353, vgl. auch Plaut, H. G.: Die Grenzplankostenrechnung, in: ZfB 1955, S. 33.

[74] Vgl. Plaut, H. G.: Die Grenzplankostenrechnung in der Diskussion und ihre weitere Entwicklung, in: ZfB 1958, S. 255.

[75] Vgl. Gutenberg, E.: Die Produktion, 6. Auflage, S. 243 ff.

[76] Kosiol, E.: Plankostenrechnung als Instrument..., S. 196.

III. Die „Grenzplankostenrechnung" in Deutschland

b) *Der Ausweis der fixen Kosten als ungeteilter Block*

aa) Der Lösungsvorschlag Agthes

Wie aus einem Aufsatz von *Agthe* aus dem Jahre 1959[77] hervorgeht, scheint man den Mangel einer Differenzierung der fixen Kosten in der Praxis langsam zu erkennen. *Agthe* schlägt vor, den Block der fixen Kosten in mehrere kleine Blöcke zu spalten, und zwar in der Form, daß man die jeweiligen fixen Kosten jener Bezugsgröße zuordnet, zu der sie in einer engeren Mittel-Zweck-Beziehung stehen: „Warum sollten diejenigen Teile der Fixkosten einer Periode, die im ursprünglichen Zusammenhang mit der Herstellung einer bestimmten Periode anfallen — z. B. Kapitalkosten einer Produktionsanlage, die nur von dem betreffenden Produkt beansprucht wird — nicht der während eines bestimmten Zeitraumes hergestellten Gesamtstückzahl der Produktionsart zugeordnet und aus ihrem Deckungsbeitrag gedeckt werden[78]?"

„Die Fixkosten der Produktionsanlage haben doch zweifellos zu bestimmten Erzeugnissen eine viel engere Beziehung als das Pförtnergehalt. Würde man jedoch beide genannten Arten von Fixkosten rechnungsmäßig gleich behandeln, würde man zwei ganz verschiedene Probleme miteinander vermengen: ‚die Abhängigkeit der Kosten von Beschäftigungsgradänderungen und ihre Zurechenbarkeit auf die Erzeugnisse'[79]."

Agthe kommt daher zu der Erkenntnis, daß „die Verrechnung der Fixkosten deshalb nicht so sehr vom Kostencharakter als vielmehr von der *Zurechenbarkeit zu bestimmten Erzeugnisarten* oder *-gruppen* bestimmt werden" soll[80]. *Agthe* schlägt daher vor, die Gesamtfixkosten (die also im einzelnen ganz unterschiedlicher Art sein können) in einzelne Fixkostenblöcke zu spalten, und zwar nach Maßgabe ihrer verursachungsgemäßen Zurechenbarkeit (im Sinne von Mittel-Zweck-Beziehung), wobei er folgende Gliederung vorschlägt[81]:

    a) Erzeugnisfixkosten
    b) Erzeugnisgruppenfixkosten
    c) Kostenstellenfixkosten
    d) Bereichsfixkosten
    e) Unternehmungsfixkosten

a) Unter „Erzeugnisfixkosten" versteht *Agthe* alle jene Fixkosten, „die durch die Entwicklung, Produktion oder den Vertrieb einer be-

---

[77] Vgl. Agthe, K.: Stufenweise Fixkostendeckung im System des Direct Costing, in: ZfB 1959, S. 400 ff.
[78] Agthe, K., S. 406.
[79] Agthe, K., S. 406.
[80] Agthe, K., S. 407.
[81] Vgl. Agthe, K., S. 407.

stimmten Erzeugnisart verursacht (werden) und ... demnach dieser Erzeugnisart auch direkt zurechenbar (sind), allerdings nicht einer Erzeugniseinheit, sondern nur der während einer bestimmten Periode hergestellten Gesamtstückzahl"[82] (als Beispiel nennt *Agthe*: Kapitalkosten von Produktionsanlagen, Kosten von Gebäuden, die nur der Herstellung eines Artikels dienen, spezielle Entwicklungskosten usw.).

b) „Erzeugnisgruppenfixkosten" sind wieder alle jene Kosten, die von einer Erzeugnisgruppe allein verursacht werden oder worden sind (Kapitalkosten, Entwicklungskosten usw. für eine bestimmte Artikelgruppe).

c) „Kostenstellenfixkosten" „fallen nicht mehr im Zusammenhang mit der Herstellung einer bestimmten Erzeugnisart oder -gruppe an, wohl aber für eine bestimmte Kostenstelle. Sie können der betreffenden Kostenstelle deshalb auch direkt zugerechnet werden[83]." *Agthe* bezeichnet sie daher auch als „direkte Stellenkosten". Er nennt z. B. „Kapital- und Raumkosten einer Kostenstelle, die von mehreren Kostenträgern in wechselndem Ausmaß beansprucht wird, so daß eine begründete Zurechnung dieser Fixkosten nicht möglich ist"[83].

d) „Bereichsfixkosten" sind jene fixen Kosten, die nicht mehr einer einzelnen Kostenstelle, „sondern lediglich einer Gruppe von Kostenstellen bzw. einem Bereich *direkt* zugeordnet werden können"[83]. *Agthe* nennt vor allem die Fixkosten des Verwaltungs- und Vertriebsbereiches.

e) „Unternehmungsfixkosten" sind alle verbleibenden Fixkostenreste, die nicht in die vorgenannten Gruppen fallen. So nennt *Agthe* z. B. Kosten der Unternehmungsleitung, Betriebsüberwachung, das Pförtnergehalt usw.

Die in dieser Weise differenzierten Fixkosten sind nun nach *Agthe* „stufenweise" durch den jeweils zur Verfügung stehenden Deckungsbeitrag zu decken, wobei die Erfolgsrechnung so zu erfolgen hat, daß vom Erlös zunächst die *variablen Kosten* des Vertriebes und der Erzeugung gedeckt werden und vom dann verbleibenden Deckungsbeitrag je Sorte die jeweiligen „Erzeugnisfixkosten" abgegolten werden müssen. Die nach Abzug der Erzeugnisfixkosten je Erzeugnisart (Sorte) verbleibenden Überschüsse werden zusammengefaßt und müssen insgesamt die „Erzeugnisgruppenfixkosten" decken. Die nach Abzug der „Erzeugnisgruppenfixkosten" je Erzeugnisgruppe verbleibenen Deckungsbeitragsüberschüsse werden wieder zusammengefaßt und müssen in Summe die jeweiligen „Kostenstellenfixkosten" decken. Die je Kostenstellen verbleibenden Überschüsse werden wieder zusammengefaßt und müssen in Summe zur Deckung der „Bereichsfixkosten" aufgewandt werden und

---

[82] Agthe, K., S. 407.
[83] Agthe, K., S. 408.

schließlich werden die in den einzelnen Bereichen übrigbleibenden Deckungsbeitragsreste zur Deckung der „Unternehmungsfixkosten" herangezogen[84]. Erst der dann verbleibende Gewinn stellt den „Reingewinn" dar.

Weiters schlägt *Agthe* vor, sich mit der Trennung des gesamten Fixkostenblocks in einzelne Blöcke nicht zu begnügen, sondern (scheinbar der Meinung *Kochs*[85] folgend) innerhalb dieser Blöcke auch eine Unterscheidung in ausgabewirksame und nichtausgabewirksame Kosten zu treffen, indem er ausführt: „Neben der Aufspaltung des Fixkostenblocks nach der direkten Zurechenbarkeit kann noch eine Aufspaltung in *ausgabewirksame* und *nichtausgabewirksame* Fixkosten erfolgen. Während die erste Untergliederung vornehmlich dem Gesichtspunkt der *Verursachung* bei der Kostendeckung Rechnung tragen will, folgt die zweite dem unter Liquiditätsgesichtspunkten vordringlichen Prinzip der Sicherheit[86]."

Nach *Agthe* lassen sich derart im Betriebsabrechnungsbogen getrennte Zuschlagssätze, „einen für die ausgabewirksamen und einen für die nichtausgabewirksamen Fixkostenarten" ermitteln[87], wodurch man drei verschiedene Preisuntergrenzen erhält:

1. Preisuntergrenze = Grenzkosten
2. Preisuntergrenze = Grenzkosten + ausgabewirksame Fixkosten
3. Preisuntergrenze = Grenzkosten + ausgabewirksame Fixkosten +
   + nichtausgabewirksame Fixkosten = Vollkosten.

Die Aufspaltung des gesamten Fixkostenblocks in einzelne Blöcke nach Maßgabe der Verursachung (Mittel-Zweck-Beziehung) ist zweifellos berechtigt und ein wesentlicher Fortschritt in der Grenzplankostenrechnung. So kann man nämlich erkennen, ob der je Kostenträgerart, Kostenträgergruppe, Kostenstelle, Bereich, erzielte Deckungsbeitrag tatsächlich die Aufrechterhaltung der Betriebsbereitschaft rechtfertigt. Allein aus der Deckungsspanne der einzelnen Artikel läßt sich nämlich nicht erkennen, ob und in welchem Maß ein Artikel förderungswürdig oder besser abzubauen ist. Nur in dem Falle, daß alle Kostenträger im gleichen Maß fixkostenintensiv sind, läßt sich aus den aus dem Verhältnis von Netto-Erlös ./. Grenzkosten errechneten Bruttogewinnspannen die nötigen Erkenntnisse ableiten, da für alle Artikel die gleichen Bedingungen gelten.

---

[84] Vgl. Agthe, K., S. 409 ff.

[85] Koch, H., ist der Meinung, „daß eine Ausschaltung aller fixen Kosten aus der Kostenrechnung mit den der Kalkulation gesetzten Zwecken nicht in Einklang zu bringen ist", da viele fixe Kostenarten kurzfristig zu Ausgaben führen können, vgl. Koch, H.: Das Durchschnittskostenprinzip, in: ZfhF 1953, S. 316.

[86] Agthe, K., S. 410.

[87] Agthe, K., S. 413.

Meist werden jedoch in einem Unternehmen Artikel mit verschiedener Fixkostenintensität hergestellt, so daß ein Artikel mit hohen anteiligen Fixkosten — auf lange Sicht — gegenüber einem solchen mit hohen proportionalen und geringen anteiligen Fixkosten äußerst begünstigt würde. Es könnte sich auf Grund einer einfachen Grenzkostenrechnung nämlich ergeben, daß der (fixkostenintensive) Artikel A eine Deckungsspanne von z. B. 30 % und der (weniger fixkostenintensive) Artikel B eine Deckungsspanne von nur 20 % aufweist. Natürlich ist es ja gerade die Aufgabe einer Grenzkostenrechnung, diese Spanne errechnen zu lassen, denn auf kurze Sicht ist ja nur diese Spanne für die Disposition entscheidend. Jener Artikel, der die höhere Spanne aufweist, wird auf kurze Sicht förderungswürdiger sein.

Aus einer Zurechnung der (unverteilten) fixen Kosten auf jene Größen, für welche sie ausschließlich anfallen, ergibt sich jedoch gegenüber einer pauschalen Blockkostenrechnung der Vorteil, daß man erkennen kann, durch welche Artikel, Artikelgruppe, Kostenstelle, Bereiche, die jeweiligen Fixkosten verursacht werden; verursacht in dem Sinne, daß sie auf längere Sicht nicht mehr anfallen würden, wenn man die Erzeugung des betreffenden Artikels oder der betreffenden Artikelgruppe, die Erzeugung in einer speziellen Kostenstelle oder in einem bestimmten Bereich ganz einstellen würde. Das hätte nämlich den Vorteil, daß man nicht nur die für kurzfristige Dispositionen wichtigen proportionalen Grenzkosten erkennen kann, sondern daß man auch die auf längere Sicht abbaubaren Bereitschafts- oder gar Kapazitätskosten errechnen kann, was für mittel- und langfristige Entscheidungen von größter Bedeutung ist.

In dieser Richtung müßte konsequenterweise die Weiterentwicklung des Systems einer stufenweisen Fixkostendeckung geführt werden. *Agthe* jedoch läßt diesen Aspekt weitestgehend unbeachtet und trennt die fixen Kosten nicht in solche kurzfristig, mittelfristig und langfristig liquidierbarer Art, sondern in „ausgabewirksame" und „nichtausgabewirksame". Damit vermischt er zwei ganz verschiedene Aspekte in einer Rechnung, nämlich die der Kostenrechnung und jene des Finanzplanes und erhält als Ergebnis weder einen tauglichen Finanzplan noch eine allen Anforderungen genügende Kostenrechnung. Einen Finanzplan aus dem Grunde nicht, weil er zu berücksichtigen vergißt, daß es nicht nur auch kurzfristig ausgabewirksame Fixkosten, sondern wohl auch längerfristig nichtausgabewirksame proportionale Kosten gibt; man denke an Material, das eventuell auf lange Zeit im voraus auf Lager gelegt wurde, ausgezahlte Vorschüsse, Darlehen an Arbeitnehmer, die durch Arbeitsleistung getilgt werden, langfristige Lieferantenkredite für noch zu beziehende Materialien usw. Würde *Agthe* jedoch auch dies alles berücksichtigen, so hätte er überhaupt keine „Kostenrechnung" mehr, sondern würde sich bedenklich einer Einnahmen- und Ausgabenrechnung nähern.

Dann aber wäre wohl auch die Unterteilung in fixe und proportionale Kosten nicht mehr erforderlich, sondern allein eine Trennung der Kosten nach ihrer Ausgabewirksamkeit und -fristigkeit. Entscheidet er sich aber für eine Kostenrechnung, dann haben Liquiditätsgesichtspunkte nicht beachtet zu werden, sondern allein der Kostencharakter. Die *Kostenrechnung* soll doch die *kostenmäßigen Konsequenzen* unternehmerischer Entscheidungen zeigen und der *Finanzplan* die liquiditätsmäßigen. Eine Vermengung beider Gesichtspunkte muß zwangsläufig zu einem untragbaren Kompromiß werden.

bb) Der Lösungsvorschlag Riebels

Bald nach der Veröffentlichung des Aufsatzes von *Agthe* erschien unter dem Titel „Das Rechnen mit Einzelkosten und Deckungsbeiträgen"[88] eine Publikation *Riebels*, in welcher er die Gedanken *Agthes* weiterzuentwickeln versuchte, indem er ein „System" vorlegte, „das allen Anforderungen durch konsequente Anwendung der bisherigen Erkenntnisse der Kostentheorie" genügen sollte[89].

Der große Unterschied der *Riebel*schen „Einzelkostenrechnung" zur Grenzkostenrechnung ganz allgemein besteht darin, daß *Riebel* die Vollkosten nicht deshalb als der „Wahrheit" nicht entsprechend betrachtet, weil die *fixen Kosten* in keiner direkten Beziehung zur erzeugten Menge stehen, sondern weil sich die *Gemeinkosten* (fixe und variable) nicht *mathematisch genau* auf die Kostenträger bzw. Stellen usw. schlüsseln und zurechnen lassen[90]. Daher schlägt *Riebel* die Verrechnung aller Kosten (variable und fixe) an jenen Stellen vor, an denen sie als „Einzelkosten" erfaßt werden können: „Alle Kosten werden als Einzelkosten erfaßt und ausgewiesen, und zwar so, daß sie in der Hierarchie betrieblicher Bezugsgrößen an der untersten Stelle ausgewiesen werden, an der man sie gerade noch als Einzelkosten erfassen kann. Es wird völlig darauf verzichtet, Gemeinkosten aufzuschlüsseln und sie nach den Prinzipien der traditionellen Kostenrechnung auf die Endkostenstellen und die Kostenträger zu überwälzen[91]."

Riebel trennt die Kosten also nicht nach ihrer Abhängigkeit von Einflußgrößen (fixe und variable), sondern nach ihrer *direkten Zurechenbarkeit* als „*Einzelkosten*" auf Kostenträger, Kostenstellen, Stellengruppen,

---

[88] Vgl. Riebel, P.: ZfhF 1959, S. 213 ff.
[89] Riebel, P., ebd., S. 214, Zit. umgest.
[90] Riebel bezeichnet die Frage: „Was kostet die Leistungseinheit?" als „laienhaft" (gleichgültig ob es sich um die vollen Durchschnittskosten oder die Grenzkosten handelt), denn sie sei auf Grund der Fragwürdigkeit der Aufschlüsselung der Gemeinkosten „aus der Natur der Sache nicht beantwortbar", ebd., S. 237.
[91] Riebel, P., ebd., S. 218.

Bereiche usw., gleichgültig ob es sich um fixe oder variable handelt. So sind bei ihm z. B. schon aufgewendete Rüstkosten, Abschreibungen usw. „Einzelkosten", wenn sie ausschließlich für eine bestimmte Stelle aufgewandt wurden, wurden sie jedoch für einen Stellenbereich aufgewandt, so sind sie für die einzelnen Stellen „Gemeinkosten" und für den Stellenbereich „Einzelkosten". In gleicher Weise trennt *Riebel* die variablen Kosten in „Einzelkosten" und „Gemeinkosten". „Es läßt sich auf diese Weise eine Hierarchie von Bezugsgrößen aufbauen, bei der jede Kostenart eines Unternehmens an irgendeiner Stelle als Einzelkosten erfaßt werden kann. Dabei ist es nicht zweckmäßig, in die Einzelkosten der ‚übergeordneten' Bezugsgröße auch die Einzelkosten der ‚untergeordneten' Bezugsgröße einzubeziehen. Die an irgendeiner Stelle in der Bezugsgrößen-Hierarchie ausgewiesenen Kosten sind dann für die untergeordneten Bezugsgrößen Gemeinkosten. Daher wird die Unterscheidung zwischen Einzelkosten und Gemeinkosten keineswegs überflüssig, wenn man sie relativiert[92]."

Die „Einzelkostenrechnung" *Riebels* zeigt sich somit als eine Kostenrechnungsform, die sich zum Ziel gesetzt hat, die Schlüsselung von Kosten (sowohl der fixen als auch der *variablen*) durch Rechnen mit „Einzelkosten" (siehe oben) zu vermeiden und zu ersetzen. Somit sind z. B. nur jene variablen Kosten, die gleichzeitig für das Erzeugnis auch „Einzelkosten" darstellen (wozu *Riebel* nur die „Stoffkosten soweit Erzeugniseinzelkosten" und die „variablen Löhne soweit Erzeugniseinzelkosten" zählt), die je Kostenträger erfaßten und ausgewiesenen Kosten. Sie sind somit *wesentlich niedriger als die tatsächlichen Grenzkosten*, da die *variablen Gemeinkosten nicht enthalten* sind, welche ja an einer „hierarchisch höheren" Stelle als „Einzelkosten" erfaßt werden, ohne auf die untergeordneten Bezugsgrößen geschlüsselt zu werden[93]. *Riebel* ist jedoch der Ansicht, daß eine Trennung der Kosten in fixe und variable gar nicht unbedingt erforderlich sei. Er führt aus[94]:

„Wünschenswert, aber nicht unabdingbar, ist die Berücksichtigung der wichtigsten Kostenabhängigkeiten bei den einzelnen Kostenstellen und Kostenträgern. Dabei ist insbesondere der Ausgabencharakter der Kosten (mit kurzperiodischen Ausgaben verbunden — mit langperiodischen Aus-

---

[92] Riebel, P., ebd., S. 215.
[93] Vgl. Riebel, P., ebd., S. 224 ff., vgl. auch Riebel, P.: Das Rechnen mit relativen Einzelkosten und Deckungsbeiträgen als Grundlage unternehmerischer Entscheidungen im Fertigungsbereich, in: Neue Betriebswirtschaft 1961, S. 147: „Die Bezeichnung Deckungsbeitrag erscheint mir deshalb sinnvoll, weil beispielsweise der Deckungsbeitrag über die direkten variablen Kosten eines Erzeugnisses dazu beitragen soll, die fixen Kosten eines Erzeugnisses und die *variablen* (Hervh. v. Verf.) Gemeinkosten und den Gewinn zu decken."
[94] Riebel, P.: Das Rechnen mit Einzelkosten und Deckungsbeiträgen, in: ZfhF 1959, S. 218.

gaben verbunden — überhaupt nicht mit Ausgaben verbunden) zu beachten."

Entschließt man sich jedoch in *Riebels* System die Kosten in variable und fixe zu trennen, so können auf Grund der Eigenart der „Einzelkostenrechnung" (alle Kosten jener Bezugsgröße unverteilt zu belasten, an der sie als „Einzelkosten" erfaßt werden können) die variablen Kosten nur in ihrer *Gesamtheit für das Unternehmen richtig* ermittelt werden, so daß ein aussagefähiger Deckungsbeitrag über die variablen Kosten nur für das gesamte Unternehmen, also ein „Gesamtdeckungsbeitrag für das ganze Unternehmen", ermittelt werden kann. *Riebel* sieht jedoch im stufenweisen Rechnen mit Deckungsbeiträgen gar nicht die Aufgabe, die Deckungsbeiträge je Bezugsgröße über die *variablen Kosten* (variable Einzel- und Gemeinkosten) zu ermitteln, sondern darin, die Deckungsbeiträge je Bezugsgröße über die „Einzelkosten" (also variable und fixe) je Bezugsgröße festzustellen. Entschließt man sich jedoch zu einer Differenzierung der jeweiligen „Einzelkosten" innerhalb ihrer hierarchischen Bezugsgröße, so schlägt *Riebel* vor, vom Gesamterlös zunächst alle variablen „Einzelkosten" in Abzug zu bringen und aus dem verbleibenden Gesamtdeckungsbeitrag über sämtliche variablen „Einzelkosten" des Unternehmens zuerst jene fixen „Einzelkosten" stufenweise in Abzug zu bringen, die kurzperiodisch ausgabewirksam sind, wodurch er den „liquiditätswirksamen Deckungsbeitrag" erhalten will[95].

Zusammenfassend kann man feststellen, daß durch das Erfassen und Verrechnen sämtlicher Kosten erst an jenen Stellen, an denen sie als „Einzelkosten" anfallen, wohl der scheinbare Vorteil erzielt wird, „ohne die fragwürdige Aufschlüsselung von Gemeinkosten"[96] auszukommen, daß jedoch eine Erfassung der variablen bzw. der *Grenzkosten* je Kostenträger, ja auch der einzelnen Kostenstellen unmöglich wird, da alle variablen Gemeinkosten, die auf Grund von Verbrauchsanalysen verursachungsgerecht schlüsselbar wären, nicht auf den Kostenträger (bzw. Kostenstellen) gebracht werden, sondern in einer übergeordneten Stelle (Bereich usw.) als „Einzelkosten" in ihrer Gesamtheit erfaßt und dort ungeschlüsselt als Ganzes verrechnet werden.

Eine eventuelle spätere Trennung dieser „Einzelkosten" in fixe und variable beinhaltet jedoch nur geringe Erkenntnismöglichkeiten, da die variablen „Einzelkosten" je Bezugsgröße immer nur einen Teil der tatsächlichen Grenzkosten derselben beinhalten und die Ermittlung der variablen Kosten nur in der höchsten Stufe dieser hierarchischen Ordnung, nämlich für das ganze Unternehmen, in ihrer Gesamtheit möglich ist, da

---

[95] Riebel, P.: Das Rechnen mit Einzelkosten und Deckungsbeiträgen, in: ZfhF 1959, S. 229.
[96] Riebel, P.: Das Rechnen mit Einzelkosten und Deckungsbeiträgen, in: ZfhF 1959, S. 237.

es erst auf dieser Ebene keine unerfaßten bzw. unverrechneten variablen „Gemeinkosten" mehr gibt. Im System der „Einzelkostenrechnung" erhält man somit als einzig richtiges Grenzkostenergebnis nur die Grenzkosten (variablen Kosten) in ihrer Gesamtheit für das Unternehmen, die jedoch nur für Überlegungen ganz allgemeiner Natur von Interesse sein werden. Laufende Entscheidungen über Produktionsprogramm, Verfahrensmöglichkeiten, Stillegung von Teilbereichen, Einstellung der Produktion einzelner Artikel usw. sind nicht möglich, da die Grenzkosten der einzelnen Kostenträger, Stellen usw. nicht erkennbar sind. Somit ist der Vorteil jeder Grenzkostenrechnung, die Kosten verursachungsgerecht (d. h. nach ihrer kausalen Abhängigkeit) zu verrechnen, durch dieses System der „Einzelkostenrechnung" zunichte gemacht, da in diesem die variablen Gemeinkosten nicht auf jene Größen verrechnet werden, durch die sie verursacht worden sind, sondern jenen, denen sie ungeschlüsselt als Ganzes d. h. als „Einzelkosten" angelastet werden können. Riebel scheint also sein System auf größtmögliche *rechentechnische Genauigkeit* abstellen zu wollen, weshalb er auf das „fragwürdige Aufschlüsseln aller Gemeinkosten" verzichten will, ohne zu beachten, daß nur die *fixen* Gemeinkosten wegen der fehlenden Abhängigkeit vom Beschäftigungsgrad sich auf *keine logische Weise* auf die Kostenträger bringen lassen, die *variablen Gemeinkosten* aber sicherlich mit *hinreichender Genauigkeit* den Kostenträgern *zugerechnet* werden können, was vollauf genügen würde, „denn eine mathematische Genauigkeit schließt sich im Wirtschaftsbereich aus"[97].

Die von *Riebel* weiters empfohlene Gliederung der nach Abzug der gesamten variablen „Einzelkosten" vom Erlös verbleibenden fixen „Einzelkosten" in „kurzperiodisch ausgabewirksame", „langperiodisch ausgabewirksame" und „überhaupt nicht ausgabewirksame" und deren stufenweise „Alimentation" aus dem Gesamtdeckungsbeitrag über die gesamten variablen Kosten[98] bringt eine weitere Verschleierung der Kosten-Leistungsbeziehung, ohne jedoch einen Finanzplan in irgendeiner Form zu ersetzen, denn *Riebel* beachtet gleich *Agthe* nicht, daß es variable „Einzelkosten" gibt, die nicht kurzfristig zu Ausgaben führen müssen und eine Gleichsetzung der variablen Kosten mit den Ausgaben daher nicht möglich ist. Damit ist die „Einzelkostenrechnung" *Riebels* mit ihrer aus dem Gesamterlös zu bestreitenden stufenweisen Deckung der „Einzelkosten" weder als Kostenrechnung geeignet, noch kann sie durch eine eventuelle Differenzierung der „Einzelkosten" in fixe und variable, der dann primär erfolgenden Deckung der variablen „Einzelkosten" und der aus dem restlichen Deckungsbeitrag erfolgenden stufenweisen Deckung

---

[97] Illetschko, L. L.: Praktische Kostenrechnung, 3. Auflage, Wien 1959, S. 45.
[98] Riebel, P.: Das Rechnen mit Einzelkosten und Deckungsbeiträgen, in: ZfhF 1959, S. 229.

der nach ihrer Ausgabenwirksamkeit gereihten fixen „Einzelkosten" einen Finanzplan ersetzen.

cc) Die „Stufenweise Grenzkostenrechnung"

Die von *Agthe* und *Riebel* gewiesenen Wege sind somit nicht geeignet, die Kostenrechnung zu verbessern. *Agthe* beschreitet zwar den richtigen Weg, indem er den Gesamtblock der fixen Kosten in einzelne Blöcke zu spalten vorschlägt, sieht aber nicht die konsequente Fortführung dieses Gedankens in einer Gliederung der in den einzelnen Blöcken enthaltenen fixen Kosten nach ihrer „Festigkeit", d. h. *Abbaufähigkeit*, sondern in einer Spaltung dieser fixen Kostenblöcke nach ihrer *Ausgabenwirksamkeit* und vermengt damit *kostenmäßige* und *liquiditätsmäßige* Gesichtspunkte, ohne ein befriedigendes Ergebnis zu erzielen.

Riebel verfällt gleich *Agthe* in den Fehler, die fixen „Einzelkosten" nach ihrer *Ausgabewirksamkeit* zu spalten, was aber weiter nicht verwundert, da er sich durch seine „Einzelkostenrechnung" (welche die variablen Gemeinkosten nicht auf die sie direkt verursachenden Bezugsgrößen verrechnet, sondern an höherer Stelle als unverteilte „Einzelkosten" erfaßt und ausweist) über die Grundsätze der Grenzkostenrechnung hinwegsetzt und somit an der „Festigkeit" der Kosten naturgemäß wenig Interesse zeigt.

Für die Kostenrechnung interessiert jedoch nicht, welche Kosten kurzfristig zu Ausgaben führen — das mag dem Finanzplan überlassen bleiben —, sondern welche Kosten variable sind und welchen Festigkeitsgrad die einzelnen Teile der fixen Kosten aufweisen[99].

Die fixen Kosten sind somit nicht nach ihrer Ausgabenwirksamkeit (kurz-, mittel-, langfristig und überhaupt nicht ausgabewirksam), sondern nach ihrer Abbaufähigkeit in kurz-, mittel- und langfristig abbaubare zu teilen, wobei innerhalb dieser Dreiteilung auch noch eine weitere Verfeinerung nach der Festigkeit vorgenommen werden kann. Der Begriff der fixen Kosten ist nämlich nicht etwas Absolutes, sondern etwas Relatives, d. h. auf lange Sicht gibt es überhaupt keine fixen Kosten. Sind aber die fixen Kosten etwas Relatives, so müssen es auch die Grenzkosten sein, denn sie ergeben sich doch aus den Gesamtkosten minus den fixen Kosten. So betrachtet erkennt man, daß die *Grenzkosten*, die einer *kurzfristigen Entscheidung* zu Grunde gelegt werden, *wesentlich niedriger* sein werden, als jene, die einer *längerfristigen Entscheidung* als Grund-

---

[99] Auch Wille, F., kommt zu einem ähnlichen Ergebnis, indem er in Anlehnung an Rummel die Differenzierung der fixen Kosten in Stillstandskosten und Bereitschaftskosten vorschlägt und eine Berücksichtigung der Ausgabenwirksamkeit der fixen Kosten zurückweist. Vgl. Direktkostenrechnung mit stufenweiser Fixkostendeckung, in: ZfB 1959, S. 740 ff.

lage dienen, denn auf kurze Frist werden alle Fixkosten fest sein, auf längere nur mehr gewisse Teile davon und auf lange Sicht gibt es kaum mehr fixe Kosten, so daß für *langfristige Entscheidungen*, nur *langfristige Grenzkosten*, d. h. die *Vollkosten* in Frage kommen. Die Verfeinerung der Kostenrechnung hätte also dahingehend zu erfolgen, daß die *fixen Kosten nicht geteilt werden nach ihrer Ausgabenwirksamkeit*, sondern *nach den Fristen, innerhalb welcher sie wandelbar sind*. Dann erst würde die Kostenrechnung eine Dispositionsgrundlage bilden, welche richtige Entscheidungen ermöglicht.

Dieses Untersuchungsergebnis sei nun an Hand eines kurzen Beispiels demonstriert:

Ein Unternehmen erzeugt unter anderen auch einen Artikel X, welcher S 10,— pro Stück an proportionalen Kosten verursacht und pro Periode (z. B. 1 Monat) an fixen Kosten (die zum Artikel X in einer Mittel-Zweck-Beziehung stehen) insgesamt S 12 000,—, von welchen S 2000,— innerhalb eines Monats, S 3000,— innerhalb von 2 Monaten und S 5000,— innerhalb von 3 Monaten liquidierbar sind. Weiters sei der Einfachheit halber angenommen, daß die Wiederinbetriebnahme kurzfristig und ohne besondere Kosten möglich sei.

Ist die Kostenstelle, in der Artikel X erzeugt wird, nun schlecht oder gar nicht beschäftigt, so wird man bei einer herkömmlichen „Grenzplankostenrechnung" zu dem Ergebnis kommen, daß die Preisuntergrenze durch S 10,—, also den proportionalen Kosten gegeben ist. Sicherlich weiß man, daß dieser Preis nicht immer gelten kann, doch man weiß nicht, für welche Zeit und so würde man wahrscheinlich geneigt sein, für mehrere Monate Aufträge im vorhinein mit einer Preisuntergrenze von S 10,— pro Stück hereinzunehmen, ohne zu beachten oder überhaupt sofort ersehen zu können, daß S 2000,— von den gesamten Fixkosten nach einem Monat, weitere 3000,— nach zwei Monaten und weitere 5000,— nach 3 Monaten nicht mehr anfallen würden, wenn man sich zur Ablehnung der Aufträge und zur vorübergehenden Stillegung der Produktionsbereitschaft entschließen würde.

Durch eine *Gliederung der fixen Kosten jedoch nicht nur in einzelne Blöcke, sondern auch nach ihrer Festigkeit*, kann man jederzeit die Preisuntergrenze für kurz-, mittel- und längerfristige Aufträge erkennen. Werden diese Daten im Betriebsabrechnungsbogen ausgewiesen, so erkennt die Betriebsführung sofort, welche Preise in Zukunft zumindest erzielt werden müssen, um die Aufrechterhaltung der Betriebsbereitschaft und die Beibehaltung der Produktion (des Artikels X) zu rechtfertigen. Im genannten konkreten Fall müßte die Unternehmensleitung die Erwartung haben, daß die Produkte, die in den ersten Tagen erzeugt werden, mindestens S 10,— pro Stück erlösen, daß für den ersten Monat Aufträge eingehen, die mindestens S 10,— pro Stück zuzüglich S 2000,—

erbringen und daß für den 2. Monat Aufträge zu S 10,— pro Stück zuzüglich S 3000,— eingehen usw., um die Aufrechterhaltung der Produktions- und Betriebsbereitschaft zweckmäßig erscheinen zu lassen.

dd) Zusammenfassung

Zusammenfassend kann man die Feststellung treffen, daß es nicht genügt, die fixen Kosten nach ihrer Zugehörigkeit (Mittel-Zweck-Beziehung) zu einzelnen Erzeugnissen, Erzeugnisgruppen, Kostenstellen usw. zu trennen, sondern daß man sie auch differenzieren muß nach ihrer Wandelbarkeit. Die fixen Kosten sind nämlich nicht allein durch die *Unteilbarkeit* der sie verursachenden Produktionsfaktoren bestimmt, sondern auch durch ihre Festigkeit. So kann es z. B. „fixe Kosten" geben, die innerhalb kürzester Frist (z. B. Maschinenmiete mit eintägiger Kündigungsfrist) wandelbar sind und nur deshalb als fixe behandelt werden, weil der Produktionsfaktor Maschine ein unteilbarer ist und somit auch seine Kosten. Die Kosten sind nur „fix" bei geringer Auslastung im Hinblick auf eine Produktionssteigerung, jedoch nicht „fix" hinsichtlich ihrer Wandelbarkeit. Man kann daher die Feststellung treffen, daß die „fixen" Kosten durch die *Unteilbarkeit* des sie verursachenden Produktionsfaktors *definiert*, jedoch durch ihre *Wandelbarkeit* (Festigkeit) *qualifiziert* werden, was eine Gliederung der gesamten Fixkosten in einzelne Blöcke und innerhalb derer nach ihrer Festigkeit nicht nur rechtfertigen würde, sondern fordert, denn genauso wie jene Führungsentscheidungen der Vergangenheit, denen sie ihre Existenz verdanken, von verschiedener Wirksamkeit waren (was sich in der verschiedenen „Festigkeit" zeigt), werden auch die zukünftigen Führungsentscheidungen von verschiedener Wirksamkeit sein[100], weshalb eine genaue Kenntnis der Fixkostenstruktur unbedingt erforderlich scheint.

Die Idee einer derartigen Differenzierung der fixen Kosten nach ihrer *Beeinflußbarkeit* ist jedoch, wie noch auszuführen sein wird, keineswegs neu. Allerdings hat man meist eine Trennung der fixen Kosten *nur in zwei Gruppen*, nämlich in Kapazitätskosten und Bereitschaftskosten vorgeschlagen und dies außerdem nicht für einzelne Fixkostenblöcke, sondern in ihrer *Gesamheit*.

Es hat aber auch Autoren gegeben, die sich gegen jede weitere Gliederung der fixen Kosten aussprachen, so z. B. *Wolter*[101], indem er ausführte, „daß es durchaus nicht nötig ist, daß man gleich so weit geht ... die Ko-

---

[100] Vgl. Illetschko, L. L.: Die rationalen Grundlagen der Führungsentscheidungen, in: Führungsentscheidungen und ihre Dispositionshilfen (Vorträge des 11. Deutschen Betriebswirtschaftertages), hrsg. v. d. Deutschen Gesellschaft für Betriebswirtschaft, Berlin 1958, S. 28.

[101] Wolters, A.: Das Rechnen mit fixen und proportionalen Kosten, Köln - Opladen 1948, S. 136.

stenarten nicht nur nach ihrem proportionalen und fixen Anteil schlechthin einzuschätzen, sondern außerdem zu unterscheiden, wieviel der fixen Kosten langfristig fix und wieviel davon kurzfristig fix sind." Der überragende Teil aller Betriebswirte erkannte jedoch die Bedeutung einer mehr oder weniger tiefen Gliederung der fixen Kosten nach ihrer Festigkeit, wie die folgende Zusammenstellung zeigen soll:

1959 führte Heine[102] aus: „Selbstverständlich hat die Länge des betrachteten Zeitraumes einen Einfluß auf die Grenze zwischen den als fix und den als variabel anzusehenden Kosten. Denn die fixen Kosten sind immer nur für eine bestimmte Zeitspanne fest vorgegeben. Bei der Untersuchung langer Perioden nehmen diejenigen fixen Kosten, die nur für kürzere Zeitspannen festliegen, variablen Charakter an."

Gleicher Ansicht scheint *Heinen*[103] zu sein, indem er *1959* schreibt: „Das Verhalten einer Kostenart gegenüber Beschäftigungsschwankungen ist deshalb von der Dauer der Betrachtungsperiode abhängig, weil auf lange Sicht alle Kostenarten variabel sind."

Kilger[104] führt *1958* in Anlehnung an *Gutenberg* aus: „Liegen einem Fixkostenbetrag mehrere Einheiten einer begrenzt teilbaren Faktorart zugrunde, so kann man seine Leerkosten in abbaufähige und nicht abbaufähige Leerkosten unterteilen. Abbaufähige Leerkosten entstehen stets dann, wenn die Ausbringung längere Zeit hindurch um einen Betrag unter die Maximalausbringung sinkt, der größer ist als die Kapazität einer Faktoreinheit; denn in diesem Fall besteht theoretisch die Möglichkeit, daß die betreffende Faktoreinheit aus dem Produktionsprozeß entfernt wird."

Kosiol[105] kommt *1953* zu folgender Erkenntnis: „Geht man von den Erkenntnissen der neueren Kostentheorie, wie sie von Gutenberg entwickelt worden ist, aus, wonach in reiner Abhängigkeit von der Leistungsmenge lediglich proportionale, total-fixe und intervall-fixe Kosten zu unterscheiden sind, so ergibt sich eine gewisse Vereinfachung der Kostenplanung. Das Schwergewicht verlagert sich auf die rational-analytische Planung der intervall-fixen oder sprung-fixen Kosten für jede einzelne Beschäftigungsstufe, wobei die tatsächlichen Dispositionen und organisatorischen Maßnahmen bei Veränderungen der Beschäftigung entscheidend sind."

---

[102] Heine, R.: Direct Costing — eine anglo-amerikanische Teilkostenrechnung, in: ZfhF 1959, S. 515.

[103] Heinen, E.: Betriebswirtschaftliche Kostenlehre, Band I, Grundlagen, S. 127.

[104] Kilger, W.: Produktions- und Kostentheorie, in: „Die Wirtschaftswissenschaften", Wiesbaden 1958, S. 88.

[105] Kosiol, E.: Die Stellung der Plankostenrechnung im betrieblichen Rechnungswesen, in: ZfhF 1953, S. 465.

III. Die „Grenzplankostenrechnung" in Deutschland

Gutenberg[106] selbst kommt, indem er sich auf die Lehre *Schneiders* stützt, zu folgender Aussage: „Angesichts der Vielzahl an Formen, die sich für die fixen Kosten ergeben, ist es notwendig, die Theorie der fixen Kosten zu vervollkommnen, und zwar in dem Sinne, daß gefragt wird, auf welche Ursachen diese Mannigfaltigkeit zurückgeführt werden kann."

Schneider[107] kommt nämlich zu der Erkenntnis, daß es von Natur aus fixe Kosten nicht gibt; „alle im Ist als fest auftretenden Kosten ihre Höhe und die Zeitdauer, während der sie diese Höhe behalten, der Willensentscheidung des Unternehmers verdanken"[108], wobei in „dem Maße, in dem diese Willensentscheidung geändert werden kann", es möglich ist, „auch die Höhe der Kosten zu variieren"[108].

Vor allem aber ist auch *Walther* zu nennen, der die von *Rummel* übernommenen Begriffe der „Stillstandskosten" und der „Kosten, die durch die Bereitschaft zur Güterzeugung ... entstehen"[109] klar umschreibt, indem er in ihnen die „Kapazitätskosten" und die „Bereitschaftskosten" erkennt: „Es liegt in der Natur der Kapazität, daß ihre Kosten während einer ganzen Periode immer gleich groß sind. Wir können sie deshalb als fest bezeichnen[110]." „Auch die Leistungsbereitschaftskosten sind als fest zu bezeichnen ... Gegenüber den Kapazitätskosten besteht aber insofern ein wesentlicher Unterschied, als die Bereitschaftsstufe verschieden sein kann und infolgedessen auch die Bereitschaftskosten verschieden hoch sein können. Wenn sich die Bereitschaftsstufe innerhalb einer Periode ändert, verändern sich auch die Kosten der Leistungsbereitschaft, und zwar sprunghaft[111]."

Es erscheint zum Abschluß dieser kurzen Übersicht als angebracht, darauf hinzuweisen, daß, wie bereits ausgeführt, schon *Rummel* eine Trennung der Bereitschaftskosten in „kurzfristig", „nur mittelfristig" und „nur langfristig" wandelbare[112] forderte und daß *Schmalenbach*[113] schon 1930 erkannte, daß die fixen Kosten nichts Absolutes sind, sondern sich mit dem Grad der Beschäftigungsbereitschaft ändern.

Alle diese Erkenntnisse sind jedoch mehr oder weniger theoretischer Natur. Es war *Illetschko*[114], der schon *1950* die Konsequenzen aus der er-

---

[106] Gutenberg, E.: Offene Fragen der Produktions- und Kostentheorie, S. 434.
[107] Schneider, E.: Industrielles Rechnungswesen, Tübingen 1954, S. 203 ff.
[108] Schneider, E., S. 211.
[109] Vgl. Kapitel über Rummel, D., S. 56 f.
[110] Walther A.: Einführung in die Wirtschaftslehre der Unternehmung, Band I, Der Betrieb, Zürich 1947, S. 230.
[111] Walther, A., ebd., S. 246.
[112] Vgl. Kapitel über Rummel, K., S. 57.
[113] Vgl. Kapitel über Schmalenbach, E., S. 21.
[114] Illektschko, L. L.: Die Wirtschaftsrechnung als Leistungsrechnung, in: Betriebswirtschaftliche Schriftenreihe, Heft 3. Wien 1950, S. 62.

kannten verschiedenartigen Festigkeit der fixen Kosten zog und (auf den Ergebnissen *Beisels*[115] aufbauend) richtungsweisende Vorschläge für die Praxis des betrieblichen Rechnungswesens machte, indem er ausführte: „Die Verfeinerung der Rechnung führt zur Stellengliederung, weil mit Hilfe der Abrechnung über die Stellen sich Stellensätze ergeben, aus denen die Kostenstruktur der Teilleistungen weitaus besser sichtbar wird. Der gleiche Vorgang gilt hinsichtlich der Leistungsschichtung der Kapazität, der Leistungsbereitschaft und der Beschäftigung. Auch durch eine sehr weitgehende Stellengliederung haben sich hinsichtlich dieser Einteilung bei der bisher üblichen Abrechnungsmethode nur Durchschnittssätze ergeben. Es wird daher erforderlich, durch eine Gliederung diese Durchschnittssätze aufzulösen. Dies kann nicht in einer weiteren Verfeinerung der Stellengliederung erfolgen, sondern muß in einer anderen Dimension durchgeführt werden, weil es sich um zwei sich überkreuzende Gliederungen handelt. Es wird demnach eine Tiefengliederung erforderlich. Der bisher einheitliche Betriebsabrechnungsbogen ist aufzulösen in mehrere Abrechnungsfelder. Es wird ein Betriebsabrechnungsbogen für die kapazitätsabhängigen Kosten, einer für die leistungsbereitschaftsabhängigen Kosten und einer für die beschäftigungsabhängigen Kosten erforderlich[116]." Die Vorteile einer derartigen Neuorganisation des betrieblichen Rechnungswesen erkennt *Illetschko* darin, „daß ein solches Abrechnungsverfahren die Möglichkeit gibt, bei jeder Einzelkalkulation zu erkennen, ob an der Kapazität oder an der Leistungsbereitschaft Veränderungen vorgenommen werden müssen, wenn die gegenständliche Zusammenstellung der Erzeugnisse nach Teilleistungen aufrecht erhalten werden soll, (wodurch) die Betriebsabrechnung eine Rolle und Stellung erhalten (würde), die für die wirtschaftliche Disposition von überragender Bedeutung wäre"[117].

---

[115] Beisel, K.: Neuzeitliche Gestaltung des industriellen Rechnungswesens, Leipzig 1936, S. 60 ff., Zit. nach Illetschko, S. 62.
[116] Illetschko, L. L.: Die Wirtschaftsrechnung als Leistungsrechnung, S. 62.
[117] Illetschko, L. L.: Die Wirtschaftsrechnung als Leistungsrechnung, S. 63.

D. Die „Standardgrenzpreisrechnung" Böhms

I. Einleitung

Obwohl die Vorteile einer *Grenzkostenrechnung* in neuerer Zeit wiederum mehr und mehr erkannt wurden und sich diese Rechnungsform von neuem durchzusetzen begann, empfand man doch im Falle einer *Voll-* oder *Überbeschäftigung*, daß die Grenzkostenrechnung einer *Ergänzung* bedarf, um auch in diesen Situationen eine richtige Steuerung des Unternehmens zu gewährleisten. Zur Vollkostenrechnung zurückzukehren, erschien als keine Lösung, da ihre Aussagefähigkeit auch in diesen Situationen als nur beschränkt erkannt wurde und man außerdem eine Verrechnung nur der Vollkosten in Zeiten der Hochkonjunktur nicht als angemessenen „kalkulatorischen" Ersatz für die in schlechten Zeiten erlittenen Kostenunterdeckungen betrachtete. Es machte sich also eine ständig stärker spürbare Abkehr vom reinen *Kostendenken* bemerkbar, denn die Zeit der LSÖ war überwunden und die Abhängigkeit der *Betriebswirtschaften* vom *volkswirtschaftlichen Markt* forderte gebieterisch Beachtung. Der *erzielbare Preis* mußte daher wieder zwangsläufig zur Grundlage jeder „Kalkulation" werden.

II. Das „System-Bredt"

Noch im Jahre *1956* sah sich *Bredt* genötigt auszuführen[1]: „Nichts kennzeichnet treffender den Geist, der heute im betrieblichen Rechnungswesen herrscht, als das, was es im Laufe der Jahre aus dem gemacht hat, was der königliche Kaufmann von einst seine ‚Kalkulation' nannte. Zum Verwaltungsmann und schließlich zum Mechaniker des Geistes geworden, glaubt heute, wie bereits dargelegt, der Betriebswirt offensichtlich, daß Kalkulieren lediglich ein undeutsches Fremdwort für das Vor- und Nachrechnen von Kosten bedeutet. Er ahnt gar nicht mehr, daß in diesem Wort aus der Welt des Kalküls im Grunde genommen der Inbegriff alles Kaufmännisch-Unternehmerischen liegt, der einen weit tieferen Sinn und eine weit größere Bedeutung für die kaufmännische-wirtschaftliche Welt besitzt, als die vorgenannten Rechenoperationen."

Die Ursache für diesen Zustand sieht *Bredt* darin, daß die Betriebswirtschaftslehre heute „von der Volkswirtschaftslehre und anderen ver-

---

[1] Bredt, O.: Die Krise der Betriebswirtschaftslehre, Düsseldorf 1956, S. 172.

schwisterten Disziplinen getrennt" ist[2], wofür er den „Zeitgeist" als verantwortlich bezeichnet[3]: „Die Fiktion von den Kosten als Wertbilder, von dem ‚Kostpreis' als ‚gerechtem Preis' ist eine Seuche, die das ganze wirtschaftliche Denken von heute und mit ihm jede Einstellung zu einer wirklichen Wertbildung in der Wirtschaft zersetzt[4]." *Bredt* sieht es daher als die Aufgabe der Betriebswirtschaftlehre, wiederum „den Betrieb als Ganzes zu sehen, als Wesen, das in einem größeren Verband steht und selbst wiederum als höheres Wesen in sich organisch gegliedert ist"[5].

Bredt erkennt somit richtig, daß die Lenkung eines Unternehmens nicht allein unter Berücksichtigung nur der *Kostenseite*, sondern nur unter gleichzeitiger Beachtung des *Ertrages* und damit des erzielbaren *Preises* möglich ist (da der Preis nicht eine Äußerung „rein betrieblichen Kostenanfalls", sondern eine Äußerung „des Geschehens am Markt" darstellt)[6], indem er ausführt[7]: „So wird der Preis für die Leistung, die durch den Preis damit zur Ware wird, zu jenem eigentümlichen *Schlüsselpunkt*, um den sich — trotz seiner Vielzahl und Vielgestaltigkeit — das wirtschaftliche Geschehen und Handeln des Menschen dreht" ... „So wird der Preis zur Kernfrage jeder Wirtschafts- und insbesondere jeder Unternehmenspolitik."

Da *Bredt* die Einflüsse des *Marktes* auf jede einzelne Betriebswirtschaft hervorhebt und den *Preis* als „Schlüsselpunkt" bezeichnet, könnte man erwarten, daß in dem von ihm entwickelten (Kalkulations-)„System-Bredt" die Bedeutung einer Errechnung der *Grenzkosten* als Dispositionsgrundlage für Zeiten der *Krise* und eine Ermittlung des *Grenznutzens* (als Differenz von Grenzkosten und Preis) als Dispositionsgrundlage für Zeiten *günstiger Konjunktur* erkannt und beachtet wird. Dies ist jedoch nicht der Fall, denn *Bredt* sagt von der *Grenzkostenrechnung*, daß „kaum eine wissenschaftliche These in der Praxis soviel Unheil angerichtet hat wie diese"[8] und außerdem scheint er als Aufgabe einer *ertragsabhängigen Kalkulation* nicht die *Zurechnung des Grenznutzens* auf die einzelnen Produktionsfaktoren bzw. Bereiche, sondern die *gerechte Zuteilung* „angemessener" Teile des Gesamt*erlöses* auf die einzelnen Produktionsfaktoren bzw. Bereiche zu betrachten[9]. *Bredt* führt aus[10]: „Im Rahmen des Gesamtpreises, der auftragsgemäß für die Gesamtleistung

---

[2] Bredt, O., S. 13.
[3] Vgl. Bredt, O., S. 127.
[4] Bredt, O., S. 132.
[5] Bredt, O., S. 23.
[6] Vgl. Bredt, O., S. 132.
[7] Bredt, O., S. 187.
[8] Bredt, O., S. 178 (Zit. umgestellt).
[9] Vgl. Bredt, O., insbes. S. 167 ff.
[10] Bredt, O., S. 147.

als ‚Listenpreis' zur Verfügung steht, ist es die Aufgabe der Kalkulation — wie ein innerbetrieblicher Preiskommissar — mit den ‚Teilleistungen' (Art, Menge, Güte, Zeit) auch die zu ihnen gehörenden ‚Teilpreise' vorzugeben. Der Auftrag wird also als Ganzes gewissermaßen mengen- und preismäßig in seine Bestandteile aufgelöst. Damit wird gleichzeitig, technisch wie wirtschaftlich, den daran beteiligten Bereichen im einzelnen die von ihnen im Rahmen des Ganzen zu lösende Aufgabe nach Art und Menge, Güte und Zustand, Zeit und Preis, in ganz bestimmter Weise gestellt." Die Durchführung dieses „System-Bredt" sollte derart erfolgen, daß der erzielte Erlös „auf dem Wege über die betriebsgemäße *Preiskalkulation* rückwärts"[11] so aufgegliedert wird, „daß jede an der Gesamtleistung beteiligte Betriebseinheit hiervon den angemessenen Anteil erhält, der ihr auf Grund ihrer Teilleistung kalkulatorisch (Teilpreis) zusteht"[12]. „Ein so differenziert gegliederter Ertrag bedeutet nämlich"[12] — nach Meinung Bredts — „nicht nur die ‚natural control' für den *Kostenaufwand*. Er bedeutet auch die praktische Möglichkeit *seiner Finanzierung*, weil er, soweit der Ertrag reicht, gleichzeitig damit finanziell ‚aufgebracht' worden ist[12]."

Beim „System-Bredt" handelt es sich also um eine „Abteilungserfolgsrechnung durch Gegenüberstellung von Leistungsertrag und Kostenaufwand"[13], bei der es grundsätzlich gleichgültig ist, ob eine Abteilung nur zum Teil ausgelastet oder überbelegt ist. Es wird die erbrachte Leistung bewertet und ein „angemessener" Preis dafür zugeteilt. Mit einer Grenzkosten—Grenznutzenrechnung im Sinne einer „Pretialen Wirtschaftslenkung" hat dieses System somit nichts gemein.

Zusammenfassend kann man feststellen, daß es *Bredt* in seinem „System-Bredt" nicht darauf anzukommen scheint, das Unternehmen nach den Grundsätzen der *Gewinnmaximierung* zu leiten, sondern allein darauf, einen „angemessenen" Preis zu erzielen, der sich jedoch nicht nach den *Kosten* richten darf, sondern nach der Leistung: „Was Du verdient durch eigene Leistung hast, das steht als Aufwand Dir zu Diensten! Das ist allein die Lösung, unter der ein Betrieb — im Gegensatz zur Devise der Kostendenker — produktiv und wirtschaftlich, zugleich erfolgreich entwickelt werden kann[14]."

Als Aufgabe und Ziel der Betriebswirtschaftslehre sieht *Bredt* somit den Schritt „zur sozialen Gestaltung und Führung des gesamten menschlichen Lebens" zu tun[15], aus welchem Grund allein er es für notwendig hält, vom reinen „*Kostendenken*" sich abzukehren und auch die *Gege-*

---

[11] Bredt, O., S. 185.
[12] Bredt, O., S. 185.
[13] Bredt, O., S. 168.
[14] Bredt, O., S. 162.
[15] Bredt, O., S. 169.

benheiten des Marktes einzubeziehen, denn nur so erscheint es ihm als möglich, den „angemessenen Preis" zu finden, der einerseits sowohl vom Verbraucher gezahlt werden kann und andererseits auch dem Betrieb eine angemessene Entschädigung für seine Aufwendungen gewährt[16].

III. Operations Research

1. Einleitung

Obwohl ein so aggressiver Kritiker wie *Bredt* das reine Kostendenken als „verbreitete Seuche" bezeichnete und eine stärkere Beachtung des *Marktes* forderte, war er nicht in der Lage, den beschrittenen Weg konsequent weiterzugehen, um „Die Krise der Betriebswirtschaftslehre" zu beenden. Seine Idee einer *Zuteilung* nicht nur des *erzielten Erfolges*, sondern auch der *Kosten* in Form von *„angemessenen"* Teilpreisen scheint mehr dem Gefühl nach *Gerechtigkeit* zu entspringen, als die Absicht zu verfolgen, *Grundlagen* für *Entscheidungen* zu liefern.

Es war nicht die Betriebswirtschaftslehre, die wieder von sich aus Anschluß an die Volkswirtschaftslehre und an die Lehre *Schmalenbachs* fand, sondern dies geschah auf dem Umweg über neu entwickelte Formen der *angewandten Mathematik*, welche aus *rechentechnischen Gründen* den Begriff *alternativ erzielbarer* Erfolge einführte, um *Maximierungsaufgaben* als einfacher zu lösende *Minimierungsprobleme* behandeln zu können. Diese neuen mathematischen Verfahren wurden jedoch ursprünglich keinesfalls für die Wirtschaftswissenschaften entwickelt, sondern dienten als *„Operational Research"* zur Erleichterung *militärischer (strategischer)* Entscheidungen.

Es war im 2. Weltkrieg, als sich zuerst die *britischen* („Operational Research") und später auch die *amerikanischen* („Operations Research") Militärstrategen entschlossen, durch mathematische Berechnungen die Risiken menschlicher Entscheidungen zu verringern. „Operational Research" wurde daher als „eine wissenschaftliche Methode zur Beschaffung quantitativer Unterlagen für die Entscheidungen militärischer Befehlsstellen über Maßnahmen oder Operationen, welche sie durchzuführen hatten", bezeichnet[17]. Nach dem 2. Weltkrieg wurden die gewonnenen Erkenntnisse auch von vielen anderen (zivilen) Bereichen übernommen und vor allem erlangte es auf dem Gebiet der Wirtschaft, sei es nun Volkswirtschaft oder Betriebswirtschaft, immer größere Bedeutung, ja man spricht sogar schon von einer Spezialdisziplin im Rahmen der

---

[16] Vgl. Bredt, O., S. 186.
[17] Morse, P. M. — Kimball, G. E.: Methods of Operations Research, New York 1951, zit. nach Frencker, P. T.: Betriebswirtschaftslehre und Verfahrensforschung — Operations Research, in: ZfhF 1957, S. 65.

Wirtschaftswissenschaften[18]. Den stärksten Impuls zu seiner Weiterentwicklung hat das „Operations Research" wohl durch die Konstruktion von *elektronischen Rechenanlagen* erhalten, welche erst seine Anwendung auf breiter Basis ermöglichten. Das Bedürfnis nach einem Operations Research hat man jedoch, vor allem in der Wirtschaft, schon wesentlich früher empfunden und dem gerecht zu werden versucht, wie z. B. Arbeiten von *Taylor*[19] (1911) und *Fayol*[20] (1916) beweisen. Die ersten Erfolge bei der Lösung betriebswirtschaftlicher Probleme durch *mathematische Berechnungen* hatte der Astronom *Levinson* in den zwanziger Jahren zu verzeichnen, als er „die erlernten wissenschaftlichen Methoden in einem Versandgeschäft anzuwenden" begann[21].

Heute versteht man unter „Operations Research" ganz allgemein die Wissenschaft, die sich mit der Berechnung der optimalen Verhaltensweise befaßt. Als seine Aufgabe bezeichnet man nun generell, „den verantwortlichen Stellen Unterlagen zu beschaffen, in denen die relevanten Probleme und die zugehörigen möglichen Entscheidungen mit den zu erwartenden Folgen beschrieben werden und aus denen insbesondere der günstigste Lösungsweg hervorgeht"[22].

2. Linear Programming

a) Theoretische Grundlagen

Von allen Problemen jedoch, die man in neuerer Zeit mittels „Operations Research" zu lösen versuchte, steht die Planung *optimaler Fertigungsprogramme* an erster Stelle[23]. Die *Rechentechnik* der mathematischen Programmplanung ist vor allem das „Linear Programming"[24] mittels des von *Dantzig*[25] entwickelten *Simplex Algorithmus*, welcher defi-

---

[18] Vgl. Peters, B.: Operations Research, Göttingen 1962, S. 5.
[19] Vgl. Taylor, F. W.: Principles of Scientific Management, New York 1911.
[20] Vgl. Fayol, H.: Administration industrielle et générale, Paris 1916.
[21] Käfer, K.: Betriebswirtschaftliche Verfahrensforschung im Dienste der Unternehmensführung, in: Aktuelle Fragen der Unternehmung — Gedenkschrift für A. Walther, Bern 1957, S. 109.
[22] Peters, B., S. 10.
[23] Vgl. Böhm, H. H.: Operationsforschung, Berlin/Baden-Baden 1961, S. 45 und Peters, B., S. 12.
[24] Auch „Lineare Programmierung", „Lineare Planungsrechnung", „Programmplanung" und „Linearplanung" genannt.
[25] Dantzig, G. B.: Maximization of a Linear Function of Variables Subject to Linear Inequalities, in: Koopmans, T. C. (Hrsg.): Activity Analysis of Production and Allocation, New York 1951, S. 339 - 347, zit. nach Peters, B., S. 25. Vgl. auch Böhm, H. H.: Operationenforschung, S. 70.

niert wird als „eine mathematische Theorie zur Bestimmung eines Maximums oder Minimums eines linearen Ausdrucks, wobei die Veränderungen der in diesen Ausdruck eingehenden Variablen dadurch begrenzt werden, daß gewisse lineare Ungleichungen erfüllt sein sollten"[26]. Durch diese *Rechentechnik* des „Linear Programming" erhält man jenes Produktionsprogramm, welches unter Berücksichtigung der Grenzkosten, des Erlöses (Absatzmöglichkeiten) und vor allem der betrieblichen Kapazitäten (Engpässe) den höchsten Gewinn realisiert. Da die *Maximierung des Gewinnes* dann erreicht ist, wenn die *alternativ realisierbaren Gewinne* ihr *Minimum* erreichen, ist die *Maximierung des Gewinnes durch die rechnerische Minimierung der alternativ erzielbaren Gewinne* möglich. Dieses „Dual-Problem" ist in der Tat der rechentechnische Schlüssel, dessen sich das „Operations Research" ganz allgemein zur Lösung der verschiedensten Aufgaben bedient: „Die Bedeutung der verdrängten, alternativ realisierbaren Gewinnbeiträge („Alternativkosten oder Opportunitätskosten") kommt wohl nirgends in den Modellen der Operationenforschung so klar zum Ausdruck wie im Mechanismus der linearen Programmplanung. Und doch handelt es sich hier um ein Kostenphänomen, das in allen Modellen der Operationsforschung nachzuweisen ist[27]."

Durch das „Operations Research" ganz allgemein und dem „Linear Programming" im besonderen wurde somit der Begriff des „alternativ erzielbaren Gewinnes", also des *Grenznutzens* wieder in die Betriebswirtschaftslehre hineingetragen und beginnt sich nun in dieser zum zweiten Mal durchzusetzen, indem man langsam erkennt, daß dieser *rechentechnische Trick* des „Operations Research", ein *Maximumproblem als Minimumproblem* zu lösen, weil es einfacher zu rechnen ist, das *Grundprinzip jedes Wirtschaftens* beinhaltet, nämlich das Postulat, mit den vorhandenen Mitteln den größtmöglichen Erfolg zu erzielen.

b) *Durchführung des Linear Programming*

Zur Erläuterung der bisherigen Ausführungen über „Linear Programming" soll ein einfaches Beispiel dienen: Es sei angenommen, daß ein Betrieb in der Lage wäre, *vier* verschiedene Artikel in den vorhandenen *drei* Fertigungsstellen zu erzeugen, wobei alle drei Artikelarten alle vier Fertigungsstellen durchlaufen müssen. Es ist nun das optimale Programm (das kostengünstigste bzw. ertragsintensivste) unter der Annahme zu erstellen, daß sich die vorhandenen Kapazitäten in absehbarer Zeit nicht vergrößern lassen:

---

[26] Frencker, T. P.: Betriebswirtschaftslehre und Verfahrensforschung, S. 80.
[27] Böhm, H. H.: Operationenforschung, S. 76.

III. Operations Research

	Stelle I	Stelle II	Stelle III
Artikel A beansprucht je Stück	1 LE	1,5 LE	2 LE
Artikel B beansprucht je Stück	2 LE	1 LE	3 LE
Artikel C beansprucht je Stück	3 LE	1 LE	2 LE
Artikel D beansprucht je Stück	2 LE	4 LE	0,5 LE
Gesamtkapazität:	2 000 LE	2 500 LE	3 000 LE

	Netto-Erlöse	Grenzkosten	Brutto-Gewinn
Artikel A (je Stück)	80,—	60,—	20,—
Artikel B (je Stück)	140,—	100,—	40,—
Artikel C (je Stück)	147,—	105,—	42,—
Artikel D (je Stück)	170,—	120,—	50,—

Man schreibt nun die zu Grunde gelegten Daten in Form von *Ungleichungen* an, die durch je eine *Leervariable* zu Gleichungen gemacht werden. Das sich ergebende Tableau wird durch *Iteration* (d. h. durch schrittweise Verbesserung des Programms in Form eines *kalkulatorischen* Vergleichs der *zuwachsenden Erfolge* mit den *wegfallenden Erfolgen*, also der Grenzerfolge miteinander, gelöst[28].

Ansatz in Form von *Ungleichungen*

	Produkt A	Produkt B	Produkt C	Produkt D		
Kap. I	$1x_1$ +	$2x_2$ +	$3x_3$ +	$2x_4$	$\leq$	2 000 LE
Kap. II	$1,5x_1$ +	$1x_2$ +	$1x_3$ +	$4x_4$	$\leq$	2 500 LE
Kap. III	$2x_1$ +	$3x_2$ +	$2x_3$ +	$0,5x_4$	$\leq$	3 000 LE

Ansatz in Form von *Gleichungen*

$$1x_1 + 2x_2 + 3x_3 + 2x_4 + 1x_5 + 0x_6 + 0x_7 = 2\,000$$
$$1,5x_1 + 1x_2 + 1x_3 + 4x_4 + 0x_5 + 1x_6 + 0x_7 = 2\,500$$
$$2x_1 + 3x_2 + 2x_3 + 0,5x_4 + 0x_5 + 0x_6 + 1x_7 = 3\,000$$
$$\overline{20x_1 + 40x_2 + 42x_3 + 50x_4 + 0x_5 + 0x_6 + 0x_7 = 0}$$

Ansatz in Form einer *Matrix*

Glg. Nr.									
1	1	2	3	2	1	0	0	=	2 000
2	3/2	1	1	4	0	1	0	=	2 500
3	2	3	2	1/2	0	0	1	=	3 000
4	—20	—40	—42	—50	—0	—0	—0	=	—0

1. *Iteration*

Glg. Nr.									
2	3/8	1/4	1/4	1	0	1/4	0	=	625
1	1/4	2/3	5/2	0	1	—1/2	0	=	750
3	29/16	23/8	15/8	0	0	—1/8	1	=	2 687,5
	—10/8	—110/4	—118/4	0	0	50/4	0	=	31 250

---

[28] Zur Rechentechnik des Iterierens vgl.: Swoboda, P.: Zum Linear Programming, in: Organisation und Betrieb, November 1960, S. 7 ff. Trux, W.: Bestimmen optimaler Fertigungsprogramme durch Lineare Planungsrechnung,

D. Die „Standardgrenzpreisrechnung" Böhms

2. Iteration

Glg. Nr.									
1	1/10	3/5	1	0	2/5	—1/5	0	=	300
2	7/20	1/10	0	1	—1/10	3/10	0	=	550
3	13/8	1/4	0	0	—3/4	1/4	1	=	2 125
4	17/10	—98/10	0	0	118/10	66/10	0	=	40 100

3. Iteration

Glg. Nr.	P_A	P_B	P_C	P_D	Kap_I	Kap_{II}	Kap_{III}		
1	1/6	1	5/3	0	2/3	—1/3	0	=	500
2	1/3	0	—1/6	1	—1/6	1/3	0	=	500
3	4/3	0	—35/12	0	—23/12	10/12	1	=	1 250
4	20/6	0	49/3	0	55/3	10/3	0	=	45 000

Das gelöste Tableau zeigt, daß 500 Stück des Produktes B und 500 Stück des Produktes D erzeugt werden sollen, da bei diesem Programm die alternativ erzielbaren Gewinne auf ein Minimum gebracht sind.

Produkt	Stück	Kapazität I	Kapazität II	Kapazität III
A	0	0 LE	0 LE	0 LE
B	500	1 000 LE	500 LE	1 500 LE
C	0	0 LE	0 LE	0 LE
D	500	1 000 LE	2 000 LE	250 LE
Beanspruchte Leistungseinhtn.		2 000 LE	2 500 LE	1 750 LE
Vorhandene Einhtn.		2 200 LE	2 500 LE	3 000 LE
Leerkapazität		0 LE	0 LE	1 250 LE

Kapazität I und II sind voll ausgelastet, Kapazität III hat eine Leerkapazität von 1250 LE. Der optimale Erfolg ist mit S 45 000,— erreicht. Jeder weitere Programmumbau würde, falls nicht andere Voraussetzungen geschaffen werden, zu einer Verringerung des Erfolges führen. Dieses gelöste Tableau zeigt aber nicht nur allein das gewinnoptimale Programm, sondern (auf Grund des dualen Problems) auch den *Grenznutzen,* den die wirtschaftlich beschränkt verfügbaren Kapazitäten, also die Engpässe, bei ihrer Beanspruchung (Verwendung) zumindest realisieren müssen. So beträgt der

Grenznutzen pro Leistungseinheit der Kapazität I	S 55/3, der
Grenznutzen pro Leistungseinheit der Kapazität II	S 10/3 und der
Grenznutzen pro Leistungseinheit der Kapazität III	S 0

(da die Teilkapazität III noch wirtschaftlich frei ist).

---

in: Zeitschrift für Organisation, Heft 4, 1960, S. 132 ff., Böhm, H. H.: Operationenforschung, S. 70 ff., Böhm, H. H.: Nichtlineare Programmplanung, Wiesbaden 1958, S. 36 ff.

IV. Die „Standard-Grenzpreisrechnung"

1. Einleitung

Im deutschsprachigen Raum war es vor allem *Böhm*, der die Bedeutung des „Linear Programmings" erkannte und durch das „Operations Research" im allgemeinen und das „Linear Programming" im besonderen von neuem auf die *kalkulatorische Bedeutung* des Grenznutzens aufmerksam wurde. Die Kalkulationsform, die er auf dieser Erkenntnis aufbaute, bezeichnete er als *„Standard-Grenzpreisrechnung"*, womit er zum Ausdruck bringen wollte, daß es der *Preis* (und somit der Markt) ist, der seine *Kalkulationswerte* bestimmt.

Böhm hat sich jedoch schon *vor Kenntnis* des Linear Programming mit den Problemen der Kostenrechnung befaßt und das Problem der fixen Kosten vorerst, ähnlich wie es *Bredt* ein Jahr später vorschlug, durch eine *Zuteilung* zu lösen versucht. *Böhm* führte 1955 aus[29]: „Wir müssen die proportionalen Kosten mit der überlieferten Kostenauffassung als Wertverzehr, die fixen Kosten nach neuerer Auffassung mit Ruchti und Lutz als Ertragszuteilung sehen; *fixe Kosten können und müssen zur Deckung künftigen erwarteten Quasirenten zugeordnet werden. Zwischenzeitlich, zwischen Anfall und Deckung, sind sie in* einem besonderen Bestandskonto zu *aktivieren*[30]."

Der Unterschied des Vorschlags von *Böhm* aus dem Jahre *1955* zum „System-Bredt" besteht darin, daß *Bredt* durch seine Zuteilungen (Teilpreise) „angemessene" Anteile vom Gesamterlös den einzelnen Teileinheiten zukommen lassen will, durch welche nicht nur die *fixen Kosten als Ertragszuteilung* (wie bei *Böhm*) honoriert werden sollen, sondern *alle* Kosten und ein angemessener Teil des Gewinnes nach Maßgabe der erbrachten Leistung. *Böhm* jedoch erkennt 1955 klar, daß wenigstens die *proportionalen Kosten* einer *Zuteilung* nicht bedürfen, sondern *zugerechnet* werden können, da sie eine Funktion der Leistungserstellung sind und daß man nur die *fixen Kosten* (die sich seiner damaligen Meinung nach auf keine logische Weise zurechnen ließen) in Form von nach irgendwelchen Schlüsseln erfolgenden „Ertragszuteilungen" honorieren

---

[29] Böhm, H. H.: Zur Deckung und Aktivierung fixer Kosten im System der Grenz-Plankostenrechnung, in: ZfB 1955, S. 415.

[30] Böhm bezieht sich dabei vor allem auf Ruchti, der ausführt, daß es Kostenarten gibt, die man besser als Ertragszuteilung, anstatt als Kosten bezeichnet (Ruchti nennt es Ertragszurechnung), so z. B. kalk. Zinsen, Wagnisse; vgl. Ruchti, H.: Geldkosten und Mengenkosten, BFuP 1951, S. 213: „Es würde sich damit auch ein Widerspruch im üblichen Kostenbegriff — Kosten als wertmäßiger Güter- und Dienstverzehr — auflösen, der nämlich, daß es Kosten gibt, denen gar kein Verzehr zu Grunde liegt, wie bei den kalkulatorischen Zinsen und Wagnissen. In diesem Fall sind sie nichts anderes als Ertragszurechnungen, in Geld ausgedrückt."

müsse[31]: „Die Grenzplankostenrechnung sieht in den *Grenzkosten* eindeutig einen dem betreffenden Stück *zugeordneten Wertverzehr*. Sie könnte daher die verbleibenden *fixen Kosten* nach dem zitierten Vorbilde als *Ertragszuteilung* auffassen."

2. Der Kalkulationswert

Eine Deckung der fixen Kosten erschien *Böhm* also noch im Jahre 1955 nur in Form einer Ertragszu*teilung* möglich. Als er jedoch die neue Rechentechnik des „Linear Programmings" kennenlernte[32], konnte er die mehr oder weniger willkürliche Ertragszu*teilung* durch eine logisch begründete Ertragszu*rechnung* nach Maßgabe des Grenzverwendungserfolges ersetzen[33]. *Böhm* führt aus[34]: „Es ist vielmehr notwendig, eine Analyse des Ertragswertes der betreffenden Betriebsleistung durchzuführen, wozu erst in jüngster Zeit logisch einwandfreie und praktisch brauchbare Verfahren bekannt wurden. Mit Hilfe dieser Verfahren, die teilweise von der sogenannten mathematischen oder linearen Programmplanung abgeleitet sind, gelingt eine Bestimmung der Leistungswerte durch eine Aufteilung der im Zustande der Vollbeschäftigung am Markte realisierten Grenzerträge oder Grenzerfolge auf die beteiligten und im Verbunde gemeinsam wirkenden Leistungseinheiten."

Die in der Folge von *Böhm* propagierte „Standard-Grenzpreisrechnung"[35] ist dadurch charakterisiert, daß die *Kalkulationswerte* für *wirtschaftlich freie*[36] (d. h. in ausreichender Zahl verfügbare) Produktionsfaktoren durch die *zuwachsenden Kosten*[37] (also durch die Grenzkosten) und für *wirtschaftlich beschränkt verfügbare* Produktionsfaktoren (Eng-

---

[31] Böhm, H. H.: Zur Deckung und Aktivierung fixer Kosten im System der Grenz-Plankostenrechnung, S. 417.

[32] Vgl. Böhm, H. H. und Wille, Fr.: Direct Costing und Programmplanung, S. 81.

[33] Vgl. Böhm, H. H.: Die Programmplanung mit Hilfe der Standard-Grenzpreise, in: Taschenbuch für den Betriebswirt, 1957, S. 93 ff.; Elastische Betriebsführung durch ertragsabhängige Kalkulationen, in: Dynamische Betriebsführung, Berlin 1959, S. 155 ff.; Direct Costing und Programmplanung, insbes. S. 85 ff.; Dynamische Kostensenkung, München 1960, insbes. S. 295.

[34] Böhm, H. H.: Dynamische Kostensenkung, S. 31.

[35] Vgl. insbes. Böhm und Wille: Direct Costing und Programmplanung, S. 91 und Böhm: Dyn. Kostensenkung, S. 296.

[36] Vgl. Böhm, H. H.: Dynamische Kostensenkung, S. 30 und Direct Costing und Programmplanung, S. 13.

[37] „In den Stellen oder besser in denjenigen Teil-Kapazitäten, mit deren ‚Vollbeschäftigung' in der Planperiode der Programmplanung nicht gerechnet wird, sind die Fertigungsleistungen für die Vorkalkulation (Standard-Kalkulationen) mit standardisierten Grenzkosten zu bewerten, also mit dem planmäßig pro Stück zuwachsenden Aufwand." Böhm, H. H. und Wille, Fr.: Direct Costing und Programmplanung, S. 90, und Böhm, H. H.: Dynamische Kostensenkung, S. 27.

IV. Die „Standard-Grenzpreisrechnung"

pässe) durch den Wert, den der *Verzicht* auf die nächstbeste *alternative Verwendung* „kostet"[38] (also Grenznutzen), gebildet werden. Die Grenzkosten pro Faktoreinheit bezeichnet *Böhm* als „Leistungskostensatz", den Grenznutzen pro Faktoreinheit als „Leistungserfolgssatz"[39]. Unter „*Standardgrenzpreis*" versteht *Böhm* den (Markt-)*Wert eines Produktes*, welcher bei ausschließlicher Verwendung wirtschaftlich *freier* Produktionsfaktoren durch die *Grenzkosten*, und bei Verwendung auch von wirtschaftlich *knappen* Produktionsfaktoren durch die *Grenzkosten plus* den *Grenznutzen* (alternativ realisierbarer Gewinn) bestimmt wird.

3. Durchführung der „Standard-Grenzpreisrechnung"

Das Ergebnis des vorhin gebrachten Beispiels der Berechnung eines *optimalen Produktionsprogrammes* unter Zugrundelegung des *Mengen- und Zeitgerüstes* der Produkte, der *Kapazitätsgrenzen* und des *Brutto-Erfolges* (als Differenz von Netto-Erlös minus Grenzkosten) soll nun zur Durchführung einer „Standard-Grenzpreisrechnung" dienen, wodurch gleichzeitig die Richtigkeit des durch eine Lineare Programmierung errechneten Programmes überprüft werden kann.

Produkt A

I. Standardgrenzkosten:				S 60,—
II. Standardgrenzerfolg:				
Kapazität I:	1 LE à 55/3	55/3		
Kapazität II:	1,5 LE à 10/3	15/3		
Kapazität III:	2 LE à 0	0		
		70/3		S 23,33
III. Standardgrenzpreis				S 83,33

Produkt B

I. Standardgrenzkosten:				S 100,—
II. Standardgrenzerfolg:				
Kapazität I:	2 LE à 55/3	110/3		
Kapazität II:	1 LE à 10/3	10/3		
Kapazität III:	3 LE à 0	0		
		120/3		S 40,—
III. Standardgrenzpreis				S 140,—

---

[38] „Wir fassen dazu den Leistungserfolgssatz, also den mit der Nutzungszeit-Einheit eines Faktorbestandes zuwachsenden Grenzerfolg, als kalkulatorische Kosten der Leistung im Sinne eines geopferten, in einer anderweitigen Verwendung realisierbaren Gewinn auf." Böhm, H. H. und Wille, Fr.: Direct Costing und Programmplanung, S. 80, vgl. auch Böhm, H. H.: Dynamische Kostensenkung, S. 295.

[39] Vgl. Böhm, H. H.: Dynamische Kostensenkung, S. 295.

Produkt C
I. Standardgrenzkosten S 105,—
II. Standardgrenzerfolg:
  Kapazität I: 3 LE à 55/3   165/3
  Kapazität II: 1 LE à 10/3   10/3
  Kapazität III: 2 LE à 0   0
                              ─────
                              175/3   S 58,33
III. Standardgrenzpreis   S 163,33

Produkt D
I. Standardgrenzkosten: S 120,—
II. Standardgrenzerfolg:
  Kapazität I: 2 LE à 55/3   110/3
  Kapazität II: 4 LE à 10/3   40/3
  Kapazität III: 0,5 LE à 0   0
                              ─────
                              150/3   S 50,—
III. Standardgrenzpreis   S 170,—

Produkt B und D können ihren Standard-Grenzpreis (140,—/St bzw. 170,—/St) im Markt realisieren; Produkt A und C jedoch nicht (83,33/St bzw. 163,33/St), da der Markt nur S 80,—/St bzw. S 147,—/St vergütet, wodurch zu Recht die Produkte B und D bevorzugt erzeugt werden.

Treten in einem Betrieb *Engpässe* auf, so wird man versuchen, diese durch *Anpassungshandlungen* zu erweitern oder zu eliminieren. Ist eine *zeitliche Anpassung* möglich, so ist dies ein Zeichen, daß es sich um *keinen echten Engpaß* handelt. Die höheren Kosten (Überstunden, Nachtzuschläge) dieser Anpassungsart lassen sich ohne Schwierigkeit im Simplex Tableau einbauen, indem man die *zusätzliche Leistungskraft* in Form von *neuer Kapazität* zum Ansatz bringt, jedoch das *Interesse* an dieser *niedriger bewertet* (der Brutto-Gewinn, der durch Überstundenlöhne usw. verteuerten Produkte, wird geringer sein).

Tritt jedoch ein *echter Engpaß* auf, so muß man versuchen, durch quantitative[40], intensitätsmäßige[40] oder räumliche Anpassung diesen zu überwinden. Böhm führt hierzu aus[41]: „Es gibt Fälle, bei denen für die Bestimmung der Arbeitsplatzgröße weder die Stellenzahl bei voller Auslastung des Arbeiter noch die Stellenzahl bei kostengünstiger Fertigung, sondern allein das technische Optimum ausschlaggebend ist. Bei freier Marktwirtschaft wird nämlich im Falle einer starken Nachfrage nach bestimmten, in Mehrstellenarbeit gefertigten Gütern, der Preis wahrscheinlich stark anziehen. Das Unternehmen, das dann um eine höchstmögliche Ausbringung besorgt ist, wird in seiner Fertigungsdisposition das technische Ausnutzungsoptimum zur Grundlage seiner rechnerischen Über-

---

[40] Gutenberg, E.: Grundlagen der Betriebswirtschaftslehre, Die Produktion, S. 243 ff.
[41] Böhm, H. H.: Dynamische Kostensenkung, S. 324.

legungen machen. Man wird eine Erhöhung der Fertigungskosten in Kauf nehmen, weil bei höherem Umsatz und höheren Preisen der Unternehmungsgewinn größer wird. Selbst bei Verringerung der Spanne zwischen Selbstkosten und Preis wird wegen der größeren Gewinnchance der erhöhte Umsatz angestrebt, also das technische Ausnutzungsoptimum gewählt werden." Der jeweils ausgewiesene *Grenzerfolg* wird dabei das Ausmaß dieser Anpassungshandlungen bestimmen, da die *zusätzlichen Kosten* all dieser Maßnahmen durch den *zusätzlichen Nutzen* gedeckt werden müssen[42]. Zusammenfassend definiert *Böhm* daher den Wert einer Betriebsleistung (bei Anpassungsmöglichkeiten) „als die Koinzidenz der Grenzkosten ihrer Herstellung mit dem Grenzertrag ihrer Verwendung"[43], d. h., daß, solange *Anpassungshandlungen im Bereiche der Produktion* möglich sind, man diese durchführen wird, bis der *zusätzlich erzielte Nutzen gleich ist den zusätzlichen Kosten*. Der Grenznutzen dient dann also nur *zur Orientierung für den Einsatz zusätzlicher Kosten* (Grenzkosten = Grenznutzen).

Ist jedoch ein Engpaß gegeben, der innerhalb des Dispositionszeitraumes nicht behoben werden kann, dann bildet der alternativ erzielbare Erfolg den Kalkulationswert für die *Preiserstellung,* jedoch nicht für den Einsatz zusätzlicher Mittel, da die Anpassung nicht auf der Seite der Produktion erfolgt, sondern allein *auf Seite des Marktes,* und zwar in Form einer Anpassung des Bedarfs an die Deckung[44].

4. Zusammenfassung

Obwohl man mit voller Berechtigung sagen kann, daß erst durch die „Standard-Grenzpreisrechnung" *wieder* eine dynamische Kostenrechnung, also eine echte *„Kalkulation"* geschaffen wurde, die von neuem den Kontakt mit der absatzwirtschaftlichen Realität herstellte, soll nicht versäumt werden, darauf hinzuweisen, daß es schon *vor Böhm* und *nach* dem zweiten Weltkrieg Stimmen gegeben hat, die eine Beachtung des Grenznutzens forderten: *1946* führte *Elsman*[45] (USA) aus, daß es erforderlich sei, wenn „man über die Rangordnung der Förderungswürdigkeit der Produkte entscheidet, die Erlösüberschußraten auf den Faktor zu beziehen, der die Erzeugungs- und Verkaufsfähigkeit begrenzt".

1948 vertrat *Wolter* ähnliche Gedanken, indem er ausführte[46]: „Zum Zwecke eines Vergleichs mit den Verarbeitungskosten seien die Ver-

---

[42] Vgl. Böhm, H. H. und Wille, Fr.: Direct Costing und Programmplanung, S. 102 und Böhm, H. H.: Dynamische Kostensenkung, S. 300.
[43] Böhm, H. H.: Dynamische Kostensenkung, S. 330.
[44] Vgl. Böhm, H. H. und Wille, Fr.: Direct Costing und Programmplanung, S. 107.
[45] Elsman, T. R.: Profit Actions Figures, NACA-Bulletin, April 1946, zit. nach NACA-Research Report Nr. 23, Übers. d. RKW, S. 42.

kaufspreise der Sorte um folgende Bestandteile vermindert: Erlösschmälerungen, Zentral- und Verkaufskosten, Werkstoffkosten-, Ofen-, Zurichtungs-, Lager- und Versandkosten. Angenommen sei noch, der so entstandene Vergleichspreis wäre für Sorte I und II annähernd gleich, obwohl doch Sorte I bedeutend schneller gewalzt werden kann als Sorte II. Dann würde die beschäftigungsschwächere Sorte I wegen ihrer niedrigeren Verarbeitungskosten eine größere *Ertragstüchtigkeit* aufweisen, d. h. ihr Preisvorteil gegen die Kosten läge höher; sie würde demzufolge im Walzplan rangmäßig vor Sorte II gehen." *Wolter* kam es also vor allem darauf an, den „engsten Querschnitt" — wie er den Engpaß nannte[47] — nur mit den rentabelsten Produkten zu belasten. Gefühlsmäßig hat man jedoch sicherlich auch schon vor den betriebswirtschaftlichen *Grenznutzenüberlegungen Böhms* und auch vor der *„Betriebswertrechnung"* Schmalenbachs, durch einen sogenannten „kalkulatorischen Ausgleich" (Kostenpolitik), Engpässe zu entlasten versucht. So führt *Schmalenbach* selbst schon *1909* aus[48], daß der Gewinnzuschlag für nicht gut verteilbare Generalunkosten sich nach dem Ort (= Kostenstelle) zu richten habe, „der vor einer weiteren Inanspruchnahme geschützt werden muß" ... damit „Betriebsteile, die eine weitere Belastung ... vertragen, mit geringeren Generalunkosten belastet werden ... um diese Weise eine stärkere Inanspruchnahme durch Kundschaft herbeizuführen."

---

[46] Wolter, A., S. 198.
[47] Wolter, A., S. 214.
[48] Schmalenbach, E.: Über den Zuschlag von Generalunkosten und Gewinn in der Fabrikkalkulation, in: ZfhF 1909/1910 (unter „Mitteilungen"), S. 356.

E. Vergleich der „Standardgrenzpreisrechnung" Böhms mit der „Grenzwertrechnung" Schmalenbachs

I. Einleitung

Die erste Aufgabe eines nach erwerbswirtschaftlichen Prinzipien geführten Unternehmens ist es, den Bedarf des Marktes in der Weise zu decken, daß der größtmögliche Gewinn erzielt wird. Da aber die Nachfrage keine konstante Größe darstellt, ist es notwendig, durch *Anpassungen* einen Ausgleich zwischen Produktion und Nachfrage in der Weise herbeizuführen, daß der jeweils mögliche maximale Gewinn erzielt wird. Ist die Produktion variierbar, so wird man diese so lange an den Bedarf anpassen, als damit ein zusätzlicher Erfolg erzielt werden kann. Es erfolgt also eine *Anpassung der Produktion an die Nachfrage*. Ist aber die Produktion innerhalb der gewünschten Frist nicht an die Nachfrage angleichbar, so wird man durch geeignete Maßnahmen versuchen müssen, die *Nachfrage an die Produktion anzupassen*. Es sind also grundsätzlich zwei Möglichkeiten zur Erzielung eines Gleichgewichts zwischen Angebot und Nachfrage zu unterscheiden.

Ist eine *Anpassung der Produktion an den Bedarf* möglich, so wird man diese solange vornehmen, als die zusätzlichen Kosten durch den zusätzlichen Nutzen über und im Grenzfall gerade noch gedeckt werden (Grenzkosten = Grenznutzen). Diese Überlegungen gelten sowohl für den Bereich der *Unterbeschäftigung* als auch für den Bereich der *Überbeschäftigung*. Ist jedoch eine derartige Anpassung der Produktion an den Bedarf nicht möglich, so wird man versuchen müssen, durch *Anpassung der Nachfrage an die Produktion* das Gleichgewicht herzustellen, indem man durch Einbeziehung eines (bei der besten nicht mehr realisierten alternativen Verwendung erzielbaren) *Mindesterfolges* in den Preis den geringerwertigen Bedarf ausschaltet.

Sind es im ersteren Fall (Anpassung der Produktion an den Bedarf) die am Grenzerfolg orientierten (Grenz-)*Kosten*, so sind es im letzteren Fall (Anpassung des Bedarfs an die Produktion) die (Grenz-)*Erfolge*, die das Gleichgewicht zwischen Produktion und Nachfrage im *Punkte des maximalen Unternehmungsgewinnes* herstellen sollen. Die Kalkulationswerte werden somit entweder durch die *Grenzkosten* oder durch den *Grenznutzen*, niemals aber durch die vollen Durchschnittskosten gebildet.

Es ist das Verdienst *Böhms*, dies in neuerer Zeit klar erkannt und ausgesprochen zu haben, wodurch aus der „Kosten"rechnung wieder eine

„Kalkulation" wurde, die den *dynamischen Gegebenheiten des Marktes* Rechnung trägt und so die Betriebswirtschaftslehre durch die Verbindung mit dem volkswirtschaftlichen Bereich aus ihrer „Krise" herausführte. Daß es sich hierbei aber im Grunde genommen um keine neuen Erkenntnisse handelte, sondern nur um eine Neuentdeckung alter Prinzipien, die aus verschiedenen Gründen (LSÖ usw.) völlig in Vergessenheit gerieten, sei nun an Hand eines Vergleiches der modernen „Standard-Grenzpreisrechnung" *Böhms* mit der alten „Grenzwertrechnung" *Schmalenbachs* aufgezeigt.

II. Schmalenbach

1. Einleitung

Schmalenbach hat die einzelnen „Betriebe" nicht als isolierte Wirtschaftseinheiten betrachtet, in denen die Kosten allein den entscheidenden Wertungsmaßstab abgeben, sondern vielmehr als „aus der Volkswirtschaft herausgehackte Stücke", welche „immerfort, vorn und hinten, an die Grenzen der Volkswirtschaft stoßen", wodurch die „exakte Wertung, insbesondere das Kalkulationswesen" erheblich beeinflußt würden[1]. *Schmalenbach* stellte fest, daß „die für die aus der Volkswirtschaft hereinkommenden Gegenstände bezahlten und die für in die Volkswirtschaft eingehenden Gegenstände empfangenen Preise" die natürliche „Grundlage der Bewertung" sind[2]. Zusammenfassend stellte *Schmalenbach* folgende allgemeine Regel auf[3]: „Der Kalkulationswert[4] kann ein Grenzkostensatz und ein Grenznutzensatz sein; ein Grenzkostensatz ist er solange, wie es möglich ist, die Beanspruchung der verbrauchenden Betriebe durch Produktion zu befriedigen. Der Grenznutzensatz ist anzuwenden, wenn die Produktion irgendwie gehemmt wird und der Bedarf der verbrauchenden Betriebe trotzdem weiter steigt."

Stellt man nun die Kalkulationsregeln *Schmalenbachs* graphisch dar, so ergeben sich folgende Bilder:

Fall 1: Produktion ist durch Einsatz progressiver Kosten weiter erhöhbar (Anpasung der Produktion an den Bedarf)

---

[1] Vgl. Schmalenbach, E.: Selbstkostenrechnung und Preispolitik, 6. Auflage, Leipzig 1934, S. 11.

[2] Vgl. Schmalenbach, E.: Selbstkostenrechnung und Preispolitik, 6. Auflage, S. 12.

[3] Schmalenbach, E.: Grundlagen der Selbstkostenrechnung und Preispolitik, 5. Auflage, S. 27.

[4] Die Bezeichnung „Kalkulationswert" findet sich in der 5. Auflage der Grundlagen der Selbstkostenrechnung und Preispolitik, in der 6. Auflage jedoch wurde dieser in „Betriebswert" und in den zwei Bänden der Pretialen Wirtschaftslenkung in „Optimale Geltungszahl" umbenannt.

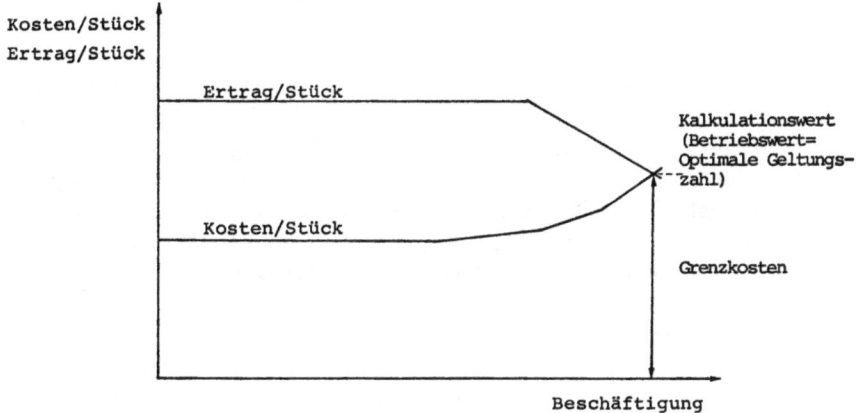

Fall 2: Produktion ist nicht weiter erhöhbar (Anpassung des Bedarfs an die Produktion)

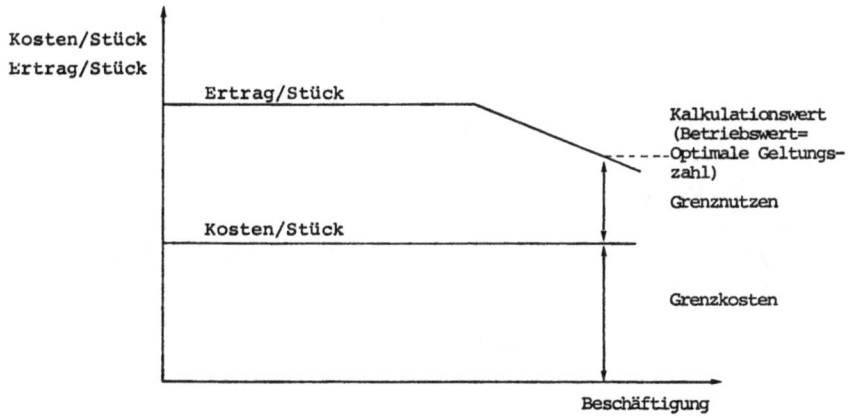

2. Anpassung der Produktion an den Bedarf

Zu *Bild 1* ist zu bemerken, daß *Schmalenbach*, wie schon ausgeführt, nie die Gültigkeit des Ertragsgesetzes für die industrielle Produktion vertrat, sondern nur lineare und progressiv verlaufende variable Kosten kannte, weshalb seine Grenzkosten nicht als U-förmige Kurve, sondern als lineare oder als progressiv steigende darzustellen ist. Weiters hat *Schmalenbach* nie eine Beschäftigungspolitik vertreten, die sich nach der Minimalkostenkombination orientiert, sondern im Gegenteil eine dynamische Beschäftigungspolitik, die sich nach den Gegebenheiten des Marktes ausrichtet, gefordert, wie aus folgender Feststellung *Schmalenbachs* eindeutig hervorgeht[5]:

„Es besteht vielfach die Auffassung, daß der günstigste Beschäftigungsgrad für einen Betrieb, solange der Betrieb sich nicht strukturell verändert, eine feste Größe sei ... Diese Meinung ist irrig. Der günstigste Beschäftigungsgrad ist eine *wandelbare* Größe, die vom Preis abhängig ist. Der günstigste Beschäftigungsgrad liegt nicht da, wo die Stückkosten ein Minimum werden, also da, wo gewisse Degressionen aufhören oder sich mildern und wo die Progressionen sich verstärken und das Übergewicht erhalten. Wenn die Preise steigen, so ist es sowohl einzelwirtschaftlich als auch gesamtwirtschaftlich vorteilhaft, den Produktionsumfang über den Punkt der niedrigsten Einheitskosten hinaus zu steigern und die Progression in Kauf zu nehmen; dies unter der Voraussetzung, daß der Preis immer noch höher ist als die bei Eintritt progressiver Kosten sich stark erhöhenden Grenzkosten ... Der günstigste Beschäftigungsgrad liegt, allgemein gesprochen, immer da, wo Preis und Grenzkosten je Einheit sich decken."

3. Anpassung des Bedarfs an die Produktion

Zu *Bild 2* ist zu bemerken, daß *Schmalenbach* schon 1919, wie bereits ausgeführt, die kalkulatorische Bewertung beschränkt verfügbarer Produktionsfaktoren mit dem bei alternativer Verwendung erzielbaren Nutzen verlangte, indem er ausführte[6]: „Wenn ein Betrieb Materialien in Vorrat oder auf Abruf abgeschlossen hat, die sich weiterhin nicht beschaffen lassen, so muß der Betrieb diese Materialien denjenigen Verwendungszwecken zuführen, die die Verwendung am besten lohnen; alle niederen Verwendungszwecke müssen ausscheiden. Damit das geschehe, bedarf es einer Wertung. Es geht nicht an, dieses nicht mehr erwerbbare Material zum Kaufpreis zu kalkulieren; der Kalkulationswert muß heraufgesetzt werden auf eine Höhe, der die niederen Verwendungszwecke von selbst ausscheiden läßt. Der ausscheidende, nicht mehr tatsächlich werdende Verwendungszweck enthält einen entgehenden Nutzen. Dieser entgehende Nutzen ist es, den jede tatsächliche Verwendung als Minimum aufbringen muß, das ist die Bedingung, unter der sie gegenüber der nicht tatsächlichen Verwendung eine tatsächliche werden darf. Dieser Wert, der dem höchsten der ausscheidenden, nicht mehr tatsächlichen Verwendungszweck entspricht, ist das, was wir hier den Kalkulationswert nennen." Ist also ein Produktionsfaktor in zu geringen Mengen ver-

---

[5] Schmalenbach, E.: Selbstkostenrechnung und Preispolitik, 6. Auflage, S. 277.

[6] Schmalenbach, E.: Grundlagen der Selbstkostenrechnung und Preispolitik, 2. Auflage, Leipzig 1925, S. 15.

fügbar, und nicht mehr vermehrbar, so sind nach *Schmalenbach* für die Zwecke der Kalkulation die objektiven Kosten „um den Gewinn von der nächstergiebigen unerledigt bleibenden Bestellung zu erhöhen", um den richtigen Kalkulationswert zu finden[7]. Weiters ist zu beachten, daß in diesem Falle eines unüberwindbaren Engpasses auch nach *Schmalenbach* die Kosten linear verlaufen werden, da keine Anpassungshandlungen möglich sind[8].

4. Zusammenfassung

Zusammenfassend kann man feststellen, daß der „*Kalkulationswert*" („Betriebswert", „Optimale Geltungszahl") *Schmalenbachs* nichts anderes ist, als der *Schnittpunkt von Angebotskurve und Nachfragekurve*, die er aus dem volkswirtschaftlichen *Gesetz der Grenzpaare* (Marshallscher Punkt) ableitete. Seine verschiedenen Variationen des Entstehens dieses Punktes[9] lassen sich auf zwei Grundformen zusammenfassen: bei der ersten läßt sich das Angebot durch Einsatz progressiver Kosten vergrößern und bei der zweiten ist das Angebot auch durch Einsatz progressiver Kosten nicht vergrößerbar; es herrscht ein absoluter Engpaß. Beim ersten Fall wird die Produktion zu progressiven Grenzkosten solange gesteigert, als der Grenznutzen die Grenzkosten deckt. Im zweiten Fall ist das Angebot auch durch Einsatz progressiver Kosten nicht vergrößerbar, so daß in diesem Falle die Grenzkosten kalkulatorisch um den erzielbaren Grenznutzen vermehrt werden müssen, um den Ausgleich zwischen Produktion und Nachfrage zu erzielen.

III. Böhm

1. Einleitung

Versucht man nun, die Kalkulationsregeln der „*Standard-Grenzpreisrechnung*" *Böhms* graphisch darzustellen, so erkennt man ihre Ähnlichkeit, ja ihre *Identität* mit der „*Grenzwertrechnung*" *Schmalenbachs*.

Fall 1: Produktion ist durch Einsatz progressiver Kosten weiter erhöhbar (Anpassung der Produktion an den Bedarf)

---

[7] Vgl. Schmalenbach, E.: Grundlagen der Selbstkostenrechnung und Preispolitik, 2. Auflage, S. 16.
[8] Vgl. die Ausführungen Schmalenbachs über den linearen Kostenverlauf, in: Grundlagen der Selbstkostenrechnung und Preispolitik, 5. Auflage, S. 49.
[9] Vgl. Schmalenbach, E.: Die Optimale Geltungszahl, Band 1, Bremen/Horn 1947, S. 54 ff.

128   E. Vergleich der „Standardgrenzpreisrechnung"

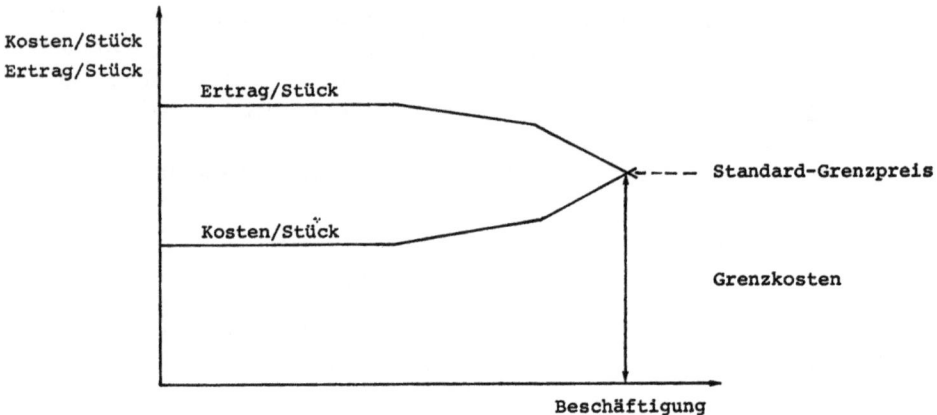

Fall 2: Produktion ist nicht weiter erhöhbar (Anpassung des Bedarfs an die Produktion)

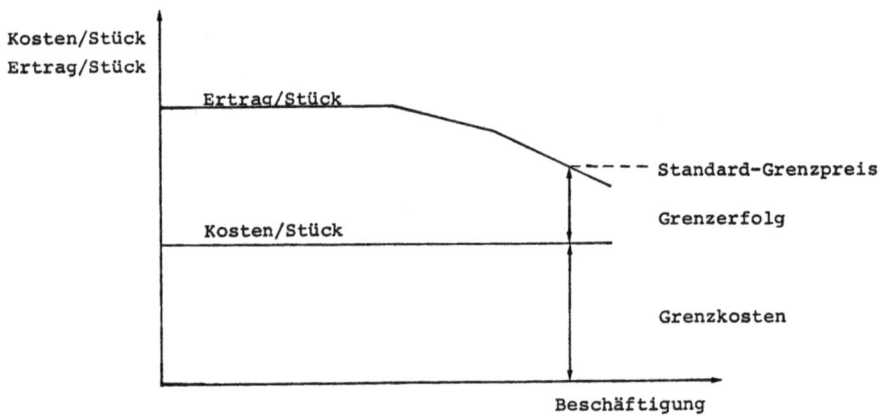

2. Anpassung der Produktion an den Bedarf

Zu *Bild 1* ist zu bemerken, daß *Böhm* die Grenzkosten durchaus nicht als gleichbleibende Größe betrachtet, sondern daß es ihm völlig klar ist, daß durch Maßnahmen der Anpassung der Produktion an den Bedarf progressive Kosten auftreten werden. *Böhms* Ansicht über den Kostenverlauf scheint jener *Schmalenbachs* völlig gleich zu sein, denn er kehrt hervor, daß die einzelnen Teil-Kapazitäten in den meisten Fällen durch Erweiterungsinvestitionen, welche Kostensprünge verursachen, noch ausgedehnt werden können oder daß es möglich ist, die Kapazität der einzelnen Teilbereiche durch eine Reihe leistungssteigernder Maßnahmen zu vergrößern, was zweifellos progressive Kosten verursacht[10]. *Böhm* spricht davon, daß die Grenzkosten an der Kapazitätsgrenze „sehr schnell mit der Produktion auf hohe Werte" steigen[11] und außerdem weist er darauf hin, daß wegen des wachsenden Verkaufswiderstandes im Absatzmarkt die „Grenzverkaufskosten" von „Schicht zu Schicht steigen werden"[12]. Daher erscheint es *Böhm* nötig, die „meist auftretenden progressiven Kosten mit dem durch die erhöhte Leistung erzielten zusätzlichen Erfolg zu vergleichen und die intensitätsmäßige Anpassung der Kosten so zu steuern, daß an der Grenze der Kostenzuwachs gerade noch durch den Erfolgszuwachs gedeckt wird"[13]. Die „erfolgsoptimalen Verfahrensbedingungen" sind also auch nach *Böhm* dann gegeben, „wenn die durch die letzte zusätzliche Standard-Belegungsstunde erreichte Ertragsmehrung durch die hierfür notwendige Kostenmehrung bei den intensitätsabhängigen Kosten aufgewogen wird"[14].

3. Anpassung des Bedarfs an die Produktion

Zu Bild 2 ist zu bemerken, daß *Böhm* für die knappen Produktionsfaktoren eine Bewertung mit dem *Grenznutzen* fordert, den er als „*Leistungserfolgssatz*" bezeichnet. Es ist jedoch nicht so, daß *Böhm* die „Leistungserfolgssätze" nur als zusätzliches Ergebnis der mathematischen Programmplanung betrachtet, sondern er ist im Gegenteil der Ansicht, daß mathematische Programmplanung nur als Hilfsmittel der Schaffung einer „pretialen Betriebslenkung" betrachtet werden darf, indem sie die Preisbildung auf dem innerbetrieblichen Markt, der an den volkswirtschaftlichen angeschlossen sein muß, *simulieren* hilft. *Böhm* führt aus[15]: „Die Fälle der Linearen Verkaufserträge (Erlöse minus Verkaufskosten), wie sie dem Modell der Linearen Programmplanung eigentlich entsprechen, sind praktisch kaum zu finden; in seltenen Fällen ist dieses Planungsmodell wenigstens näherungsweise anwendbar. Die Regelfälle der Praxis mit nichtlinearen Verkaufserträgen (differenzierte Marktpreise, aktive Preis- und Verkaufspolitik, Sortimentsverbundenheit) lassen sich jedoch nur durch eine *Simulation der Bildung konkurrenzwirtschaftlicher Marktpreise* für die knappen Betriebsleistungen beherrschen. In komplizierten Fällen läßt sich diese kalkulatorische Preisbildung oder Wertzurechnung durch ein berechenbares mathematisches Modell er-

---

[10] Vgl. Böhm, H. H.: Nichtlineare Programmplanung, S. 43.
[11] Vgl. Böhm, H. H.: Elastische Disposition durch ertragsabhängige Kalkulationen, in: Dynamische Betriebsführung, S. 160.
[12] Vgl. Böhm, H. H. und Wille, Fr.: Direct Costing und Programmplanung, S. 74.
[13] Böhm, H. H. und Wille, Fr.: Direct Costing und Programmplanung, S. 127.
[14] Böhm, H. H. und Wille, F.: Direct Costing und Programmplanung, S. 132.
[15] Böhm, H. H.: Nichtlineare Programmplanung, S. 11.

heblich vereinfachen und abkürzen." Die lineare Programmplanung scheitert nach Böhm also vor allem an den degressiven Verkaufserträgen, welche sich nur in Form einer Nichtlinearen Programmplanung berücksichtigen ließen. Da *Böhm* jedoch feststellt, daß „Ein *geschlossenes Rechnungsverfahren* der praktischen Mathematik ... sich für die *nichtlineare Programmplanung* bisher nicht entwickeln" ließ[16] und die Lösung dieses Problems auch nicht darin zu sehen sei, „in *jedem Einzelfall ein Verfahren* zur ausschließlich *mathematischen Lösung* des jeweiligen *nichtlinearen Problems* zu entwickeln"[17], da es heute und auch in absehbarer Zeit an Fachleuten fehlen wird und eine ganz exakte mathematische Lösung auch unwirtschaftlich wäre[18], schlägt er vor, an Hand einer Anzahl repräsentativer Artikel aus dem Programm mittels einer Linearen Programmierung die „Leistungserfolgssätze" zu ermitteln und mit Hilfe dieser „Leistungserfolgssätze" das Programm zu planen. *Böhm* bezeichnet daher das „Linear Programming" als ein Instrument zur „Erleichterung des Prozesses eines ‚Herantastens' der Kalkulationswerte an die erzielbaren Marktpreise"[19]. Er ist also der Ansicht, daß das „Linear Programming" nur „als ein Ausbau des Rechnens mit Grenzerfolgen aufgefaßt werden kann"[20], wodurch eine raschere Ermittlung der Kalkulationswerte ermöglicht wird, jedoch nur selten schon das durchzuführende Programm ergibt. „In wenigen Fällen, nämlich von Produktionsprogrammen ausschließlich linearer Ertragsverläufe, wird die Methode der linearen Programmplanung in Frage kommen." ... „In den weit häufigeren Fällen nichtlinearer Ertragsverläufe bleiben nur Näherungsverfahren der versuchsweisen Setzung der Leistungserfolgswerte und ihrer ständigen Verbesserung durch Planrevisionen. Der Betriebswirt wird hier zum *innerbetrieblichen Preiskommissar*, der etwa nach dem Vorbilde des Börsenmaklers dafür zu sorgen hat, daß der betriebsinterne Markt für die Leistungen vollbeschäftigter Teil-Kapazitäten ohne das Auftreten wesentlicher ‚Tauschreste geräumt wird'[21]." Vor allem bei rasch wechselnden Marktsituationen empfiehlt *Böhm* wegen der Schwierigkeiten der rechtzeitigen Datenerfassung, „die Methode der pretialen Lenkung durch Verrechnungspreise" den mathematischen Programmplanungen vorzuziehen[22]. Besonders deutlich zeige sich die Notwendigkeit dazu in Handelsbetrieben, in welchem Zusammenhang *Böhm* ausführt[22]: „Die

---

[16] Böhm, H. H.: Nichtlineare Programmplanung, S. 13.
[17] Böhm, H. H.: Nichtlineare Programmplanung, S. 13.
[18] Vgl. Böhm, H. H.: Nichtlineare Programmplanung, S. 14.
[19] Böhm, H. H. und Wille, Fr.: Direct Costing und Programmplanung, S. 119.
[20] Böhm, H. H.: Elastische Disposition durch ertragsabhängige Kalkulationen, S. 163.
[21] Böhm, H. H.: Elastische Disposition durch ertragsabhängige Kalkulationen, S. 171.
[22] Vgl. Böhm, H. H.: Elastische Disposition durch ertragsabhängige Kalkulationen, S. 163, 168.

Probleme der Datenerfassung für eine lineare Programmplanung dürften derzeitig noch unüberwindbar sein, außerdem eignet sich das Verfahren wegen der Vielzahl einzelner Produkte in den Handelssortimenten, weiter wegen der durchwegs nichtlinearen Charakteristik der Erträge nicht für Planung und Kalkulation im Handelsbetrieb. Wie bereits erwähnt, führt eine nichtlineare Programmplanung stets primär zur Bemessung der Leistungserfolgswerte und von dort zur pretialen Wirtschaftlichkeitsrechnung und Auswahl."

4. Zusammenfassung

Zusammenfassend kann man feststellen, daß der einzige Fortschritt seit *Schmalenbachs* Grenznutzenrechnung darin liegt, daß eine *Rechentechnik* entwickelt wurde, welche eine rasche rechnerische Ermittlung der Grenzverwendungserfolge (Grenznutzen)[23] ermöglicht und in ganz bestimmten Fällen (linearer Verkaufsertrag, Möglichkeit einer raschen Datenerfassung) als duales Problem schon das optimale Fertigungsprogramm ergibt. Für die Mehrzahl aller Fälle jedoch wird, selbst von einem Mathematiker wie *Böhm*, empfohlen, diese neuen Rechentechniken nur als ein Hilfsmittel zur näherungsweisen Errechnung des Grenznutzens zu betrachten, um dadurch „ein System der betriebsinternen pretialen Lenkung durch eine zentrale Vorplanung und Vorgabe der wichtigsten Absatzleistungen zu schaffen"[24], welches nach *Böhm* gegenüber einer „ausschließlichen mathematischen... Lösung wichtige *praktische* (Hervh. v. Verf.) Vorteile" bietet[25].

Abschließend sei noch einmal *Schmalenbach* zitiert, der die theoretische Möglichkeit einer simultanen Berechnung mehrerer Engpässe erkannt zu haben scheint (ohne schon die Rechentechniken des Operations Research zu kennen), sie jedoch für die *praktischen Verhältnisse* als nicht in Betracht kommend beurteilte[26]: „Dieses Auswiegen des Grenznutzens und damit zugleich der optimalen Geltungszahl ist überall da angebracht, wo man entweder überhaupt nicht rechnen kann oder wo das Rechnen zu schwierig ist. Wir haben eben bei der Berechnung der optimalen Gel-

---

[23] Bemerkenswert ist, daß Schmalenbach als Kalkulationswert den Nutzen der besten nicht mehr realisierten Verwendung heranzog, durch das Linear Programming jedoch der Nutzen der schlechtesten realisierten Verwendung als Kalkulationswert dient. Dies ändert jedoch nichts an der Gleichartigkeit beider Kalkulationsverfahren, umsomehr als der Grenznutzen in der Regel nicht sprunghaft, sondern kontinuierlich abnehmen wird und daher der „Standard-Grenzerfolg" Böhms in den meisten Fällen gleich dem „Grenznutzen" Schmalenbachs sein wird und nur in seltenen Fällen geringe Abweichungen vorkommen werden.

[24] Böhm, H. H.: Nichtlineare Programmplanung, Wiesbaden 1959, S. 47.
[25] Böhm, H. H.: Nichtlineare Programmplanung, S. 15.
[26] Schmalenbach, E.: Pretiale Wirtschaftslenkung, Band 1, S. 69.

tungszahl für Zink gesehen, daß die Rechnung einfach war. Wenn aber eine Mehrzahl von Metallen zu berechnen gewesen wäre, so wäre daraus eine komplizierte Rechnung mit zahlreichen Unbekannten geworden, die für praktische Verhältnisse nicht in Betracht kam."

Ergebnis der Untersuchung

Die Untersuchung hat ergeben, daß eine Grenzbetrachtung im betrieblichen Rechnungswesen in Form einer *Grenzkostenrechnung* schon seit rund 60 Jahren die Betriebswirtschaftslehre beschäftigt hat. Obwohl der Wirtschaft von damals noch nicht die Dynamik von heute innewohnte, hatte die Lehre (vertreten vor allem durch *Schmalenbach*) erkannt, daß nur eine Rechnungsform, welche die unmittelbaren Konsequenzen einer Entscheidung aufzeigt, zur richtigen Steuerung eines Unternehmens geeignet ist.

Eine genaue Analyse der Kostentheorie *Schmalenbachs* hat außerdem ergeben, daß diese kaum im Gegensatz zur modernen steht, denn *Schmalenbach* hat (im Gegensatz zur oft vertretenen Auffassung und im Unterschied zur Kostentheorie *Mellerowicz'*) für die industrielle Produktion nie die Gültigkeit des Ertragsgesetzes vertreten.

In einer weiteren Untersuchung zeigten sich die Konzeptionen *Rummels* („Blockkostenrechnung"), *Plauts* („Grenzplankostenrechnung") und des amerikanischen „Direct Costing" weitgehend mit der schon älteren „Mengenkostenrechnung" *Schmalenbachs* gleichartig, wobei sich überdies aus einem genauen Literaturstudium die verbreitete Ansicht als unhaltbar erwies, daß erst durch den Einfluß des amerikanischen „Direct Costing" die Grenzkostenrechnung in der betrieblichen Praxis am europäischen Kontinent hätte Fuß fassen können.

Darüber hinaus wurden die Mängel aufgezeigt, die den Vorschlägen *Agthes* (Stufenweise Fixkostenrechnung) und *Riebels* („Einzelkostenrechnung") zur Verbesserung der üblichen Grenzkostenrechnung anhaften und der Versuch gemacht, durch eine „Stufenweise Grenzkostenrechnung" den Weg zu einer Weiterentwicklung des instrumentalen Rechnungswesens zu weisen.

Als das wichtigste Ergebnis der Untersuchung ist jedoch die Erkenntnis zu betrachten, daß die „Standard-Grenzpreisrechnung" *Böhms*, welche gegenwärtig den „neuesten Stand" des betrieblichen Rechnungswesens darstellt, indem sie die „Kalkulationswerte" nicht nur aus Grenzkosten-, sondern auch aus Grenz*nutzen*überlegungen ableitet, sich weitgehend mit der schon 40 Jahre alten „Grenzwertrechnung" („Betriebswertrechnung") *Schmalenbachs* identisch erweist, welche ebenfalls nicht nur Grenzkosten-, sondern auch Grenz*nutzen*sätze ins Kalkül zog.

Literaturverzeichnis

I. Bücher

Beisel, K.: Neuzeitliche Gestaltung des industriellen Rechnungswesens, Leipzig 1936.
Beste, Th.: Die Verrechnungspreise in der Selbstkostenrechnung industrieller Betriebe, in: Betriebswirtschaftliche Zeitfragen, hrsg. von der Gesellschaft für wirtschaftliche Ausbildung, Heft 5, Berlin 1924.
Böhm, H. H.: Die Programmplanung mit Hilfe der Standard Grenzpreise, in: Taschenbuch für den Betriebswirt, 1957, S. 93 ff.
— Nichtlineare Programmplanung, Wiesbaden 1959.
— Elastische Betriebsführung durch ertragsabhängige Kalkulation, in: Dynamische Betriebsführung, Berlin 1959, S. 155 - 180.
— Direct Costing und Programmplanung, München 1960.
— Dynamische Kostensenkung, München 1960.
— Operationenforschung, Berlin/Baden-Baden 1961.
Bredt, O.: Die Krise der Betriebswirtschaftslehre, Düsseldorf 1956.
Courcelle-Seneuil, J. C.: Theorie und Praxis des Geschäftsbetriebes in Ackerbau, Gewerbe und Handel; Deutsch von Eberbach, G. A., Stuttgart 1869.
Dantzig, G. B.: Maximization of a Linear Function of Variables Subject to Linear Inequalities, in: Koopmans, T. C. (Hrsg.), Activity Analysis of Production and Allocation, New York 1951.
Dorn, G.: Die Entwicklung der industriellen Kostenrechnung in Deutschland, Berlin 1961.
Fayol, H.: Administration industrielle et genérale, Paris 1916.
Gossen, H. H.: Entwicklung der Gesetze des menschlichen Verkehrs und der daraus fließenden Regeln für menschliches Handeln, Braunschweig 1854, 3. Auflage, Berlin 1927.
Gutenberg, E.: Planung im Betrieb, in: Planungsrechnung und Rationalisierung, Wiesbaden 1953, S. 13 - 28, Referat, gehalten auf der Dritten Plankostentagung in Düsseldorf (28. u. 29. Oktober 1952).
— Grundlagen der Betriebswirtschaftslehre, Erster Band, Die Produktion, 6. Auflage, Berlin - Göttingen - Heidelberg 1961.
Heberlein, W.: Grenzplankostenrechnung und Controller, Mannheim 1958.
Heckert-Miner: Distribution Costs, 2. Auflage, New York 1953.
Heinen, E.: Die Kosten, ihr Begriff und Wesen, Saarbrücken 1956.
— Betriebswirtschaftliche Kostenlehre, Band I, Grundlagen, Theorie der Kosten, Wiesbaden 1959.
Henzel, F.: Erfassung und Verrechnung der Gemeinkosten, Berlin - Wien 1931.
Illetschko, L. L.: Betriebswirtschaft auf neuen Wegen, Wien 1949.

Illetschko, L. L.: Die Wirtschaftsrechnung als Leistungsrechnung, in: Betriebswirtschaftliche Schriftenreihe, Heft 3, Wien 1950.

— Management und Betriebswirtschaft, Band 6 der Veröffentlichungen des Instituts für Organisation und Revisionswesen an der Hochschule für Welthandel, Wien 1955.

— Praktische Kostenrechnung, 3. Auflage, Wien 1959.

— Die rationalen Grundlagen der Führungsentscheidungen, in: Führungsentscheidungen und ihre Dispositionshilfen (Vorträge des 11. Deutschen Betriebswirtschaftertages), hrsg. v. d. Deutschen Gesellschaft für Betriebswirtschaft, Berlin 1958, S. 20 - 33.

— Theorie und Praxis einer betrieblichen Verrechnungslehre, in: Betriebswirtschaftslehre und Wirtschaftspraxis, Festschrift für Konrad Mellerowicz, Berlin 1961, S. 183 - 199.

— Innerbetrieblicher Transport und betriebliche Nachrichtenübermittlung, in: Sammlung Poeschel, Stuttgart 1962.

Jevon, S.: Die Theorie der politischen Ökonomie, Jena 1924.

Käfer, K.: Standardkostenrechnung, Zürich 1955.

— Betriebswirtschaftliche Verfahrensforschung im Dienste der Unternehmensführung, in: Aktuelle Fragen der Unternehmung — Gedenkschrift für A. Walther, Bern 1957, S. 109 - 139.

Keller, W.: Management-Accounting for Profit Control, New York - Toronto - London 1957.

Kilger, W.: Produktions- und Kostentheorie, in: Die Wirtschaftswissenschaften, Wiesbaden 1958.

Kimball, G. E. — Morse, P. M.: Methods of Operations Research, New York 1951.

Klingenberg, G.: Bau großer Elektrizitätswerke, 2. Auflage, Berlin 1924.

Klipstein, Ph. E.: Lehre von der Auseinandersetzung im Rechnungswesen, Leipzig 1781.

Kosiol, E.: Plankostenrechnung als Instrument moderner Unternehmensführung, Berlin 1956.

Lehmann, M. R.: Die industrielle Kalkulation, Berlin - Wien 1925.

Leitner, F.: Die Selbstkostenberechnung industrieller Betriebe, 2. Auflage, Frankfurt/M. 1906 (1. Aufl. 1905).

Lisle, C.: Encyclopaedia of Accounting, Edinburgh - London 1904.

Mayer, L., sen.: Selbstkostenrechnung und Tarifbildung im Speditionsgewerbe, Sonderdruck aus ZfB 1926, S. 57 - 68, S. 132 - 136, S. 224 - 231, S. 300 - 307.

Morse, P. M. — Kimball, C. E.: Methods of Operations Research, New York 1951.

Peiser, H.: Grundlagen der Betriebsrechnung in Maschinenbauanstalten, 1. Auflage, Berlin 1919, 2. Auflage, Berlin 1923.

Peters, H.: Operations Research, Göttingen 1962.

Raffée, H.: Kurzfristige Preisuntergrenze als betriebswirtschaftliches Problem, Köln und Opladen 1961.

Rautenstrauch, W. — Villers, R.: Budgetary Control, New York 1950.

RKW: Allgemeine Grundsätze der Kostenrechnung, Berlin 1939.

RKW: Direct Costing — Das Rechnen mit Grenzkosten, Übersetzung von: Direct Costing, Research Series No. 23, NACA-Bulletin 34, April 1953, Frankfurt/M. 1960.
— Planung und Planungsrechnung in amerikanischen Unternehmen, Berlin - Köln - Frankfurt/M. 1962.

Rummel K.: Das Selbstkostenwesen auf Eisenhüttenwerken mit besonderer Berücksichtigung des Standpunktes des Ingenieurs, Düsseldorf 1927.
— Grundlagen der Selbstkostenrechnung, 1. Auflage, Düsseldorf 1934.
— Einheitliche Kostenrechnung auf der Grundlage der Proportionalität der Kosten, 2. Auflage, Düsseldorf 1939.
— Einheitliche Kostenrechnung auf der Grundlage einer vorausgesetzten Proportionalität der Kosten zu betrieblichen Größen, 3. Auflage, Düsseldorf 1949.

Schär, J. F.: Allgemeine Handelsbetriebslehre, Band I, Leipzig 1911.
— Buchhaltung und Bilanz, 2. Auflage, Berlin 1914.

Schmalenbach, E.: Buchführung und Kalkulation im Fabrikgeschäft, Leipzig 1928, unveränderter Nachdruck aus der Deutschen Metallindustriezeitung, 15. Jg., 1899, S. 3.
— Grundlagen der Selbstkostenrechnung und Preispolitik, 2. Auflage, Leipzig 1925.
— Grundlagen der Selbstkostenrechnung und Preispolitik, 5. Auflage, Leipzig 1930.
— Selbstkostenrechnung und Preispolitik, 6. Auflage, Leipzig 1934.
— Pretiale Wirtschaftslenkung, Band 1, Die Optimale Geltungszahl, Bremen - Horn 1947.
— Pretiale Wirtschaftslenkung, Band 2, Pretiale Lenkung des Betriebes, Bremen-Horn 1948.
— Kostenrechnung und Preispolitik, 7. Auflage, Köln und Opladen 1956 (bearbeitet von Bauer).

Schmölders, G.: Geschichte der Volkswirtschaftslehre, in: Die Wirtschaftswissenschaften, Wiesbaden 1961.

Schneider, E.: Industrielles Rechnungswesen, 2. Auflage, Tübingen 1954.

Schuchart, A.: Die Selbstkostenrechnung für Hüttenwerke, insbesondere für Eisen- und Stahlwerke, Düsseldorf 1909.

Taylor, F. W.: Principles of Scientific Management, New York 1911.

Terborgh, G.: Business Investment Policy, Washington 1958.

Tolkmitt, H.: Grundriß der Fabrik-Geschäftsführung, Leipzig 1894.

Villers, R.: Budgetary Control, New York 1950.
— The Dynamic of Industrial Management, New York 1954.

Walb, E.: Die Erfolgsrechnung privater und öffentlicher Betriebe, Berlin - Wien 1926.

Walras, L.: Elements d'èconomie politique pure, ou théorie de la richesse sociale, Lausanne 1874 - 1877.

Walther, A.: Einführung in die Wirtschaftslehre der Unternehmung, Band I, Der Betrieb, Zürich 1947.
— Einführung in die Wirtschaftslehre der Unternehmung, Band I, Der Betrieb, Zürich 1955 (unveränderter Nachdruck der ersten Auflage aus dem Jahre 1947).

Wille, F.: Direct Costing und Programmplanung, München 1960.
Wolter, A.: Das Rechnen mit fixen und variablen Kosten, Köln - Oplanden 1948.
Wright, W.: Direct Costing. Costs for Decision Making and Control, New York 1962.

Zeitschriftenaufsätze

Agthe, K.: Stufenweise Fixkostendeckung im System des Direct Costing, in: ZfB 1959, S. 404 - 418.
Beckett, J. A.: An Appraisal of Direct Costing, NACA-Bulletin 33, Jan. 1951, Sect. 1, p. 651 - 660.
Beste, Th.: Die Produktionsplanung, in: ZfhF 1938, S. 345 - 371.
Böhm, H. H.: Zur Deckung und Aktivierung fixer Kosten im System der Grenzplankostenrechnung, in: ZfB 1955, S. 414 - 432.
Chambers, Ch. R.: A Conversion to Direct Costing, NACA-Bulletin 40, Dec. 1958, Sect. 1, p. 15 - 25.
Chiuminato, P. M.: Is Direct Costing the Answer to better Management Accounting? NACA-Bulletin 37, Febr. 1956, Sect. 1, p. 699 - 712.
Christie, J. W.: A concrete Products Company uses Direct Costing with Standard Costs, NACA-Bulletin 38, Jan. 1957, Sect. 1, p. 680 - 690.
Davis, R. E.: Direct Costing — will general Acceptance follow management Acceptance? NAA-Bulletin 42, Sept. 1960, 1. p. 31 - 41.
Donarchie, R. J.: Converting and Using Direct Costing, NAA-Bulletin 40, March 1959, Sect. 1, p. 19 - 30.
Franc, G. W.: Will Direct Costing Theory stand Inspection? NACA-Bulletin 34, Dec. 1952, Sect. 1, p. 490 - 499.
Frencker, P. T.: Betriebswirtschaftslehre und Verfahrensforschung — Operations Research, in: ZfhF 1957, S. 65 - 102.
Gerland, A.: Kostenanpassung als Kalkulationsaufgabe, in: Wirtschaftszeitung, Nr. 73 vom 10. 9. 1949.
— Kostendeckungsrechnung als Bestandteil der internen Berichterstattung über den Jahresabschluß, in: Kostenrechnungs-Praxis, Heft 5, 1960, S. 201 - 206.
Greer, D. J.: Alternatives to Direct Costing, NACA-Bulletin 35, March 1954, Sect. 1, p. 878 - 888.
Gutenberg, E.: Offene Fragen der Produktions- und Kostentheorie, in: ZfhF 1956, S. 429 - 450.
Harris, J. N.: What did we earn last Month? NACA-Bulletin 17, Jan. 1936, Sect 1, p. 501 - 527.
Hasenack, W.: Budgeteinführung und Betriebspsyche, in: Annalen der Betriebswirtschaft 1929/30, S. 398 ff.
Heine, P.: Direct Costing — eine anglo-amerikanische Teilkostenrechnung, in: ZfhF 1959, S. 515 - 534.
Herbert, J.: Das Ersatzproblem in der Investitionsrechnung und der Einfluß der Restnutzungsdauer alter Anlagen auf die Investitionsentscheidung, in: ZfhF 1957, S. 131 - 153.
Heiser, H. C.: What can we expect of Direct Costing as a Basis for internal and external Reporting? NACA-Bulletin 34, July 1953, Sect. 3, p. 1546 - 1560.

Heiser, H. C.: Direct Costing-Management Reporting, NAA-Bulletin 41, Sept. 1959, Sect. 3, p. 69 - 72.

Koch, H.: Die Ermittlung der Durchschnittskosten als Grundprinzip der Kostenrechnung, in: ZfhF 1953, S. 303 - 327.

Kosiol, E.: Kostenauflösung und Proportionaler Satz, in: ZfhF 1927, S. 345 - 358.

— Die Stellung der Plankostenrechnung im betrieblichen Rechnungswesen, in: ZfhF 1953, S. 465 - 480.

Lorentz, St.: Die Schmalenbachschen Kostenkategorien, in: ZfhF 1926, S. 311 ff.

Ludwig, H. W.: Inaccuracies in Direct Costing, NACA-Bulletin 35, March 1954, Sect. 1, p. 895 - 906.

Luenstroth, H. W.: The Case for Direct Costing, NACA-Bulletin 33, Aug. 1952, Sect. 1, p. 1479 - 1495.

Maletz, J.: Kostenauflösung, in: ZfhF 1926, S. 293 - 314.

Mayer, L., sen: Selbstkostenrechnung und Tarifbildung im Speditionsgewerbe, ZfB 1926, S. 57 - 68, S. 132 - 136, S. 224 - 231, S. 300 - 307.

McNair-May: Princing for Profit, in: Harvard Business Review 1957, Heft 3.

Michel, H.: Das Problem der „gegenläufigen" Kosten, in: Kostenrechnungs-Praxis 1960, Heft 5, S. 215 - 220.

NACA: Research Report 16: The Variation of Costs with Volume, 15, June 1949.

— Research Report 17: Analysis of Cost-Volume-Profit Relationships, Dec. 1949.

— Direct Costing; Research Series Nr. 23, NACA-Bulletin 34, April 1953, Sect. 3, p. 1079 - 1128.

Neidirk, W.: How Direct Costing can work for Management, in: NACA-Bulletin 32, Jan. 1951, Sect. 1, p. 525.

Plaut, H. G.: Wo steht die Plankostenrechnung in der Praxis?, in: ZfhF 1952, S. 396 - 407.

— Die Grenz-Plankostenrechnung, 1. Teil, in: ZfB 1953, S. 347 - 363.

— Die Grenz-Plankostenrechnung, 2. Teil, in: ZfB 1953, S. 402 - 413.

— Die Grenzplankostenrechnung, in: ZfB 1955, S. 25 - 39.

— Die Grenzplankostenrechnung in der Diskussion und ihre weitere Entwicklung, in: ZfB 1958, S. 251 - 266.

— Unternehmenssteuerung mit Hilfe der Voll- oder Grenzplankostenrechnung, in: ZfB 1961, S. 460 - 482.

Riebel, P.: Das Rechnen mit Einzelkosten und Deckungsbeiträgen, in: ZfhF 1959, S. 213 - 238.

— Das Rechnen mit relativen Einzelkosten und Deckungsbeiträgen als Grundlage unternehmerischer Entscheidungen im Fertigungsbereich, in: Neue Betriebswirtschaft 1961, S. 143 ff.

Ruchti, H.: Geldkosten und Mengenkosten, in: BFuP 1951, S. 129 - 134 und S. 193 - 213.

Sauber, R. W.: Management appraises Direct Costing — a Play, NACA-Bulletin 37, Dec. 1955, Sect. 1, p. 459 - 472.

Swoboda, P.: Zum Linear Programming, in: Organisation und Betrieb, November 1960, S. 7 - 12.

— Betriebliche Investitionsprobleme, in: Steuer- und Wirtschaftskartei 1961, Teil C, S. 7 - 16.

Schmalenbach, E.: Über Verrechnungspreise, in: ZfhF 1908/1909, S. 165 - 184.
— Über den Zuschlag von Generalunkosten in der Fabrikkalkulation, in: ZfhF 1909/1910 (unter „Mitteilungen"), S. 354 - 356.
— Selbstkostenrechnung (1. Auflage), in: ZfhF 1919, S. 257 - 299, S. 321 - 356.
Taylor, P. C.: What can we expect of Direct Costing as a Management Tool?, NACA-Bulletin 34, July 1953, Sect. 3, p. 1532 - 1545.
Trux, W.: Bestimmen optimaler Fertigungsprogramme durch Lineare Planungsrechnung, in: Zeitschrift für Organisation, Heft 4, 1960, S. 132 - 137.
Wille, F.: Direktkostenrechnung mit stufenweiser Fixkostendeckung?, in: ZfB 1959, S. 737 - 748.

Printed by Libri Plureos GmbH
in Hamburg, Germany